가능성과 번영의 시장질서

가격의 비밀

The Price of Everything
Everything

가능성과 번영의 시장질서

가격의 비밀

러셀 로버츠 지음 | 김태훈 옮김

연암사

일러두기

이 책의 주인공인 라몬 페르난데스는 쿠바 출신 미국인으로 등장한다. 저자는 각 장 맨 앞에
책의 또 다른 배경인 격동의 쿠바 이야기를 짤막하게 서술해놓았다. 이는 라몬이 이야기의
시간적 배경 그 이전에 어떻게 살아왔을지를 이해하는 데, 그리고 이후에 라몬의 삶이 어떻
게 펼쳐질지를 그려보는 데에 도움이 될 것이다. 추천도서는 깊이 있는 지식을 얻는 데 도움
이 된다.

나의 꿈을 엮어주는 샤론에게

머리말

이 책은 가까운 미래를 배경으로 삼는다. 라몬 페르난데스(Ramon Fernandez)와 루스 리버(Ruth Lieber) 그리고 그들이 만나는 사람들은 내 상상의 산물이다. 스탠퍼드 캠퍼스에서 등장하는 인물들이 실제 인물과 비슷한 것은 순전히 우연이다. 빅박스(Big Box)라는 기업은 없다. 그 대표인 밥 바크먼(Bob Bachman)이 실제 인물과 비슷한 것은 순전히 우연이다. 이 책에서 언급되는 다른 기업, 인물, 사건은 실재하거나 이 책의 편집이 끝나는 시점에 적어도 최대한 현실적으로 상상한 것이다. 나는 이 요소들을 미국과 미국 경제에 대한 팩트와 더불어 최대한 정확하게 그리려 애썼다. 끝부분에 자료 및 추천 도서가 나와 있다.

차례

chapter 1
지진과 가격 인상

아바나의 7월 밤, 자정을 막 넘긴 시각에 한 여인이 잠에서 깨어나 똑, 똑, 똑 창문 두드리는 소리를 듣는다. 그녀가 문을 열자 남동생이 안으로 들어와 잠자고 있는 소년을 사탕수수 묶음처럼 어깨에 둘러업는다. 두 사람은 무더운 거리로 나선다. 여자는 망태기와 담요를 걸치고 있다. 망태기에 삶을 담을 수 있을까? 그래야 한다. 그녀가 가지고 갈 수 있는 건 망태기뿐이다. 두 사람이 밤길을 걷는 동안 소년은 계속 잠에 빠져 있다.

도시 외곽을 지나 해변에 이르기까지 영겁의 시간이 걸린 듯하다. 두 사람은 얕은 곳에서 기다리던 작은 배에 올라탄다.

소년은 눈을 뜬다. 여자는 소년을 안아서 다시 재운다. 그녀는 그날 밤을 되돌아볼 때마다 아들을 꼭 껴안은 채 연이어 기도하는 자신과 끝없이 흔들리며 북쪽으로 향하던 배를 떠올린다.

|

"품절입니다."

품절이라고? 홈디포(Home Depot)에 손전등이 다 떨어졌다고? 있을 수 없는 일이었다. 어떻게 다 팔릴 수가 있지?

라몬 페르난데스는 "무슨 말이에요?"라고 물었다.

"죄송합니다." 점원은 대답했다. "2시간 동안 난리가 났었어요. 창고에 재고가 있다고 말씀드릴 수 있었으면 좋겠네요. 하지만 재고가 없어요. 다 팔렸어요. 하나도 남은 게 없어요. 며칠 후에 오세요."

몇 시간 전, 라몬과 에이미가 저녁을 만들고 있는 동안 마루가 흔들리기 시작했다. 지진이 끝없이 이어지는 가운데 찬장에서 컵과 접시들이 달가닥거렸고, 두 개의 그림이 벽에서 떨어졌다. 뒤이어 조명이 나갔다. 라몬은 저녁식사를 위해 미리 준비해둔 초를 켰다. 두 사람은 서둘러 밖으로 나가지 않고 식사를 즐겼다. 그 사이 수백 명이 손전등을 사러 홈디포로 먼저 달려간 게 분명했다.

"잠깐만요." 점원이 물었다. "혹시 라몬 페르난데스 아니에요?"

라몬은 그냥 웃으며 자리를 떴다. 그는 사람들이 자기를 알아보는 데 익숙했다. 존 매켄로(John McEnroe) 이래 스탠퍼드대학에 다니는 최고의 테니스 선수인 그는 지난 3년 동안 NCAA(전미대학체육협회) 남자 단식 대회에서 우승했으며, 작년에는 윔블던 결승까지 진출했다. 그는 아마 베이 에이리어(Bay Area)에서 가장 유명한 20살 청년일 것이다. 어쩌면 미국에서 가장 유명한 20살 청년일지도 몰랐다. 테니스나 스포츠에 관심 없는 사람도 라몬이 어릴 때 그의 엄마가 작은 보트를 타고 쿠바를 탈출하여 힘겹게 플로리다까지 온 이야기를 알았다.

차에 돌아왔을 때 에이미가 물었다. "우유나 아이스박스에 넣을 얼음은 구할 수 있을까? 아니면 그냥 포기해야 할까?"

"헤이워드(Hayward)에 있는 빅박스(Big Box)에 가볼까?"

"빅박스?"

"새로 생긴 체인점인데 홈디포, 샘스 클럽, 보더스를 합친 거야. 매장 뒤쪽과 앞쪽의 시간대가 다르다고 그러지. 최소한 우편번호는 다르대. 아마 우유를 구할 수 있는 가능성이 가장 높은 곳일 거야. 손전등도 있을지 몰라. 아니면 랜턴이나 레이저 같은 거라도 있을 거야. 뭐든 다 파는 데니까."

"좋아. 휘발유를 가득 채워뒀어. 한 번 가보자."

빅박스가 베이 에이리어에서 영업을 시작하는 과정은 험난했다. 주민투표 때문에 샌프란시스코에 진출할 수 없었다. 버클리 주민들은 매장 설립에 반대하는 행진을 벌였다. 지금까지 유일하게 문을 연 곳이 오클랜드 바로 남쪽에 있는 헤이워드였다.

에이미와 라몬은 힘들게 샌마테오 다리(San Mateo Bridge)를 건너 880번 도로를 타고 헤이워드로 향했다. 빅박스는 홈디포 매장을 세븐일레븐처럼 보이게 만들었다. 주차장이 어찌나 넓은지 셔틀버스가 주차장에서 매장 입구까지 손님을 날랐다. 매장 안에서는 대다수 사람들이 맞춤 제작된 큰 골프카트인 미니 셔틀을 작은 트램이나 트롤리처럼 타고 상품들이 배치된 경로를 따라 여러 곳으로 갔다. 어떤 가족은 그냥 미니 셔틀을 타고 다니며 매장 여기저기서 제공되는 무료 샘플을 즐기려고 아이들을 데려왔다. 부모가 쇼핑하는 동안 매장 중앙에 있는 거대한 레고랜드에 아이를 맡길 수도 있었다.

라몬과 에이미는 자정이 막 지난 시각에 도착했다. 주차장은 붐볐지만 어렵지 않게 차를 댈 자리를 찾고 셔틀에 탈 수 있었다. 그러나 매장에 들어가기가 쉽지 않았다. 성난 군중들이 입구에서 고함을 지르며 구호를 외쳤다. 에이미와 라몬은 무슨 일이 일어나고 있는지 알지 못했다. 두 사람은 사람들을 헤치고 나아간 끝에 이유를 알 수 있었다. 입구 안쪽에 커다란 알림판이 붙어 있었다. 거기에는 '전 품목 표시가격의 2배로 가격 인상'이라고 적혀 있었다. 반(反)세일이었다. 게다가 보아 하니 대고객 관계에서도 재난이 진행되고 있었다.

한 직원이 확성기를 들고 정원용 복토 포대 무더기 위에 올라가 사람들을 진정시키려 애썼다. 그는 오마하(Omaha)에서 내려진 결정이며, 자신이 할 수 있는 건 없다고 설명했다. 그의 손에는 사람들을 진정시키고 자신의 목숨을 보존하기 위해 나눠주려는 엽서와 고객불만카드가 들려 있었다. 입구 주변에 몰려든 사람들은 엽서에 그다지 관심이 없는 것 같았다. 그들은 피드백과 고객만족도를 보다 직접적이고 즉각적으로 전달할 방법을 찾고 있었다.

입구를 둘러싼 군중 너머로 보이는 매장은 평소와 다를 바 없었다. 트램은 바삐 돌아다녔고, 가격 인상에도 불구하고 쇼핑을 하는 사람들로 붐볐다. 라몬은 작은 소리로 "믿을 수가 없네."라고 말했다. 그는 에이미에게 "그냥 갈래?"라고 물었다.

"손전등을 사고 싶어. 있다면 우유도 좀 사야겠어. 여기까지 왔잖아. 바가지인 건 아는데 그냥 가기는 불안해. 초도 남은 게 없어. 정상이 될 때까지 얼마나 걸릴지 모르잖아."

두 사람은 그냥 매장으로 들어갔다. 우유와 손전등은 어렵지 않게 찾을 수 있었다. 두 사람은 만약의 경우에 대비하여 추가 배터리도 샀다. 계산대는 3개밖에 열려 있지 않았다. 그러나 에이미와 라몬은 평소보다 조금 오래 기다리는 걸 마다하지 않았다.

두 사람은 언제나 이야기할 거리가 많았다. 그들은 1학년 때 체육특기생들에게 복잡한 NCAA 규칙과 규정을 설명해주는 자리에서 처음 만났다. 라몬은 옆자리에 앉은 장신의 금발 배구선수에게 펜을 빌릴 수 있는지 물었다. 두 사람은 대화를 시작했고, 공통점이 거의 없다는 사실을 알게 되었다. 에이미는 상원의원의 딸로서 조지타운에서 자랐고, 아무나 못 들어가는 사립학교를 다녔다. 라몬의 어머니는 가정부였고, 라몬은 마이애미에서 가난하게 자랐다. 에이미는 생물학을 전공하고 있으며, 의전원에 들어갈 계획이었다. 라몬은 정치학을 공부하고 있다. 에이미는 금발이었고, 라몬은 흑발이었다. 에이미는 배구를 하고, 라몬은 테니스를 한다. 적어도 둘 다 네트가 있는 스포츠를 한다고 라몬이 농담을 던졌다. 두 사람은 수많은 차이에도 불구하고 계속 대화를 나눴다. 그는 그날 밤에 영화를 보러 가자고 말했다. 곧 두 사람은 운동, 연습, 수업, 공부 사이에 여가가 날 때마다 함께 많은 시간을 보냈다.

계산대 앞에 줄을 서서 나누던 에이미와 라몬의 대화는 앞쪽에서 들려오는 소음 때문에 중단되었다. 한 멕시코 여성이 스페인어로 고함을 지르고 있었다. 그녀는 한 손에 이유식 병을 들고 있었다. 다른 손으로는 허리춤에 아기를 안고 있었다. 둘 다 계산원에게는 위험하게 보였다. 그녀는 두 손을 들어 방어자세를 취했다. 그러나 영어로 하는 그녀의 부탁은 전혀 먹히지 않았다. 잠시 후 멕시코 여성은 고함을 멈추고 울음을 터트렸다. 엄마의 울음에 자극받은 아기도 울어대기 시작했다. 계산원은 어떻게 해야 할지 고민하며 말없이 서 있었다.

라몬은 줄 앞으로 와서 멕시코 여성의 어깨에 손을 얹고 스페인어로 부드럽게 말했다. 그녀는 울음을 그쳤다. 뒤이어 아기도 울음을 그쳤다. 계산원은 대치 상태가 끝났기를 바라며 미소를 지었다.

라몬은 줄에 서 있던 사람들에게 멕시코 여성이 가진 돈이 20달러뿐인데 35달러가 청구되었다고 설명했다. 그 여성은 빅박스가 가격을 두 배로 올려서 바가지를 씌울 줄 전혀 몰랐다. 계산원이 물건을 몇 개 빼면 어떻겠냐고 제안하자 여성은 다시 화를 냈다. 아이들을 위한 음식과 기저귀를 어떻게 뺄 수 있을까?

라몬은 스탠퍼드 야구모자를 벗고 그 안에 2달러를 넣은 다음 줄에 서 있던 다른 사람들에게 혹시 도와줄 수 있는지 물었다. 1분이 채 지나기 전에 다른 사람들이 모자란 15달러를 채워주었다. 처음에 멕시코 여성은 돈을 받지 않으려 했다. 라몬은 차분하게 그녀를 설득했다. 마침내 그녀는 돈을 받아서 계산을 마쳤다. 라몬은 에이미에게 혼자 계산하라고 말했다. 그는 계속 말을 걸면서 멕시코 여성의 곁에 머물렀다.

밖으로 나온 에이미는 라몬이 매장 앞에 쌓아둔 정원용 복토 포대 무더기 위에 올라가 있는 것을 보았다. 그의 옆에는 아기를 안은 멕시코 여성이 있었다. 그녀의 옆에는 앞서 매장 입구에서 보았던 빅박스 직원이 있었다. 그는 자리를 피하고 싶어하는 것 같았다. 그러나 라몬은 빅박스가 소유한 확성기를 쓰고 있었다. 그 직원은 회사의 자산을 지켜야 했다. 군중은 훨씬 늘어났고 훨씬 조용해졌다. 라몬이 새벽 1시에 확성기를 들고 정원용 복토 포대 무더기 위에 서 있는 모습은 사람들을 멈춰 서게 만들었다.

"도대체 어떤 회사가 배고픈 아기와 아기를 돌보려는 엄마를 등칩니까? 우리는 오마하로 메시지를 보내야 합니다!"

군중은 고함을 지르며 맞장구를 쳤다. 에이미는 라몬의 적극적인 태도에 감탄했다. 그는 테니스 코트에 있을 때처럼 느긋하고 자연스러워 보였다. 라몬은 한동안 연설을 이어나가며 사람들의 분노를 불러일으켰다. 라몬이 말만 하면 매장 전면에 있는 유리창을 전부 박살낼 기세였다. 그러나 라몬은 다른 생각을 갖고 있었다. 그는 목소리를 낮추고 말하는 속도를 늦췄다. 그는 가난한 사람들의 고통을 줄이고 기업의 권력을 억제해야 할 필요성을 이야기했다. 사람들은 넋이 나간 듯 그를 올려다보았다. 그의 말이 끝난 후 사람들은 박수를 치며 고객불만카드를 작성하기 시작했다.

chapter 2
연필이라는 마법

어떤 사람들은 라몬의 아버지가 쿠바에서 태어난 역대 최고의 야구선수였다고 말한다. 또 어떤 사람들은 두말할 필요가 없고, 대적할 자도 없는 역대 최고의 야구선수였다고 말한다. 어머니의 이야기 속에서 호세 페르난데스(Jose Fernandez)는 언제나 홈런이나 다이빙 캐치 혹은 외야에서 다트나 화살, 총알, 얼어붙은 밧줄 같은 홈 송구로 경기를 승리로 이끌었다. 관중들은 그가 덕아웃에서 나와 모자를 기울이기 전까지 그의 이름을 연호했다. 그녀가 말하는 이 모든 이야기는 사실이었다. 그녀의 아버지는 쿠바 야구 국가대표팀의 회계사였다. 그녀는 15살 때 미래의 남편을 처음 보았다. 그때 그는 다섯 걸음 거리를 네 걸음에 달려가 완벽한 타이밍에 담장 위로 뛰어올라서 홈런이 될 뻔한 공을 잡아냈다. 당시 그는 21살이었고, 소년들 사이에서 이미 어엿한 남자의 모습을 하고 있었다.

전성기 때나 전성기를 지나서도 많은 사람이 호세 페르난데스에게 접근한다. 그들은 미국으로 가서 양키스나 레드삭스 혹은 다저스에 입단하면 부를 누리게 해주겠다고 약속한다. 또한 쿠바를 떠난 과거 동료들이 어떻게 살고 있는지 말해준다. 그들은 큰 집과 멋진 차 그리고 가슴과 머리가 원하는 다른 모든 것을 갖고 멋있는 미국식 삶을 살고 있다. 그래도 호세는 쿠바에 남는다. 쿠바의 국운이 기울 때도 여전히 그는 고국에 머문다.

그는 쿠바 야구 역사에 모든 타격 부문 주요 기록을 남긴 채 은퇴한다. 카스트로는 그를 야구 홍보대사로 임명하여 수도와 소도시의 거리를 누비게 한다. 거리를 걸을 때 그보다 많은 인파를 모을 수 있는 사람은 카스트로뿐이다.

라몬이 태어나자 온 국민이 축하한다. 심지어 위대한 지도자도 화환을 보내며 아이의 미래를 축복한다. 아이가 병원에서 집으로 가는 날 카스트로가 집을 방문한다. 쿠바에는 카스트로가 라몬을 안고 웃고 있는 사진이 매스컴에 실린다.

|

루스 리버의 사무실에는 마루부터 천장까지 책장이 있다. 일부 책장에는 책들이 앞뒤 두 줄로 꽂혀 있고, 더 많은 책들이 책 위에 옆으로 놓여 있다. 사무실 중앙에 놓인 커다란 도서관 책상 위로도 책들이 신전처럼 솟아 있다.

루스는 동료 교수들을 놀라게 만들기 위해 10년 정도마다 한 번씩 업무용 책상과 도서관 책상을 정리한다. 몇 년 전 9월의 어느 날, 그녀는 여름 대청소로 사무실을 깨끗하게 치운 직후 한 학생이 책상에 앉아 커피를 마시며 책을 읽고 있는 모습을 발견했다. 자세히 보니 새로 들어온 대학원생이었다. 그녀는 책상에 앉아서 그가 자신을 소개하고 찾아온 이유를 말하기를 기다렸다. 루스는 기다리고 대학원생은 계속 책을 읽는 가운데 침묵 속에 몇 분이 흘렀다.

마침내 루스는 용건이 무엇인지 물었다. 알고 보니 그는 루스의 사무실을 학과 도서관으로 착각한 것이었다. 그래서 잠시 앉아서 책을 읽고 약간의 공부를 할 생각이었다.

이 이야기는 학과에 널리 알려졌다. 이 이야기에는 루스가 소유한 책의 수와 신입 대학원생의 특이한 행동에 경탄하는 것 이상의 의미가 있었다. 실질적인 의미에서 루스의 사무실은 학과 도서관이었고, 루스는 사서였다. 루스는 실제로 사무실에 있는 책들을 대부분 읽었고, 심지어 내용도 대부분 기억했다. 그래서 인터넷 시대 이전에는 루스에게 인용구나 팩트를 질문하는 것이 지금 구글로 검색하는 것과 거의 비슷했다.

업무용 책상과 도서관 책상이 책들로 덮여 있고, 마루에도 책들이 쌓여서 사방에 책들이 도시의 풍경, 스카이라인을 이루던 시절의 이야기다. 루스는 책들이 둘러싼 책상에 앉아 봄 학기의 첫 강의를 준비하고 있었다. 그녀는 머릿속으로 마지막 경제학 강의를 하는 기분이 어떨지 계속 상상했다.

그녀는 40년 넘게 이 대학에서 일했다. 대부분의 기간 동안 경제학 교수로서 미국 경제사를 연구했다. 경력 중반에는 연구보다 강의에 더 집중하겠다는 결정을 내렸다. 경제학과에는 대개 해마다 수백 명을 대상으로 입문 강의를 하는 특별한 교수가 있다. 루스가 그런 교수였다.

그녀는 경력 후반에 교무처장이 되었다. 그래서 정말로 강의를 할 시간이 없었지만 그래도 1년에 한 과목은 맡겠다고 고집을 부렸다. 20명으로 수강 인원을 제한한 4학년 대상 세미나였다. 그녀는 가을에 은퇴할 계획이었기에 이번이 마지막 강의였다.

강의실에 들어선 그녀는 칠판에서 가장 가까운 자리에 앉아 자신을 소개했다. 그녀의 앞에는 대부분의 공간을 차지한 거대한 오크 테이블이 놓여 있었다. 그녀는 가방에서 새로 깎은 딕슨 타이콘데로가(Dixon Ticonderoga) 2번 연필을 꺼내서 테이블에 놓았다.

"누구도 연필을 만들지 못해."

루스는 이 말만 툭 던졌다. 그녀는 학생들의 얼굴을 보았다. 어떻게 반응해야 할지 모르겠다는 표정이었다. 우리를 도발하는 걸까? 농담인가?

한 학생이 손을 들었다.

"이름이 뭐지?" 루스가 물었다.

"조시입니다."

"어떻게 생각해, 조시? 맞는 말일까, 틀린 말일까? 동의해, 하지 않아? 누구도 연필을 만들지 못해."

"바보 같은 말입니다." 그는 과감하게 대답한 후 말을 보탰다. "교수님을 무시하는 게 아닙니다. 연필은 교내 서점이나 주변 동네에서 쉽게 살 수 있어요. 사람들은 연필을 그냥 두고 가기도 합니다. 사실상 어디에나 있어요."

"조시, 너는 연필을 만들 수 있어?"

"네? 연필을요? 당연히 못 만들죠."

"왜 당연히 못 만들지?"

"저는 21살이고 또….'

"나는 만들 수 있을까?"

답이 정해져 있는 질문이었다. 조시는 '우리 두 명은 못 만들겠지만 60억여 명이 더 있잖아.' 라고 생각했다. 그는 "연필 공장에 가서 더 나은 후보를 찾는 게 나을 것 같은데요."라고 말했다.

"사실 나는 연필 공장에 가봤어." 루스는 말했다. "거기도 연필을 만들 줄 아는 사람이 없었어. 연필 공장에 뭐가 있을 거 같아?"

"연필을 만드는 사람들이요." 학생들은 웃음을 터트리며 조금 긴장을 풀었다. "연필 만드는 기계들도 있겠죠." 조시는 말을 이어나갔다. "나무, 납, 지우개도 있을 겁니다. 이것들을 합치는 거죠. 그게 뭐 얼마나 어렵겠어요?"

"납을 어떻게 넣는지 알아?" 루스는 물었다.

"모르겠습니다." 조시는 말했다. 한 번도 생각해 본 적이 없었다. 그래도 그는 계속 대답하려고 시도했다. "아마 나무를 연필 모양으로 만든 다음에 구멍을 뚫고 납을 채우지 않을까요?"

루스는 머리를 흔들었다. 루스는 다시 가방에 손을 넣어서 얇은 나무토막을 꺼냈다.

"전 세계에서 이 향나무 토막을 연필 공장에 판매하는 곳은 하나뿐이야. 공장에서는 이 토막에 각각 납 넓이로 10개의 좁은 홈을 파지. 이렇게 말이야."

루스는 가방에 손을 넣어서 10개의 홈이 파인 두 번째 향나무 토막을 꺼냈다.

"이 각각의 홈에 접착제를 바르고 납을 넣어. 물론 사실은 납이 아니라 흑연이지. 흑연이 어디서 나는지 아는 사람?"

누구도 대답하지 않았다. 루스는 말을 이어나갔다.

"스리랑카, 멕시코, 중국, 브라질에서 캘 수 있어. 연필 공장에서는 흑연을 미시시피에서 채취한 점토, 약간의 물과 섞어서 구워. 1,900도로 가열하는 걸 굽는다고 표현하는 게 맞다면 말이지. 그 다음에 끄집어내서 적당한 길이로 잘라. 그럼 '짠!' 하고 우리가 말하는 연필심이 되는 거야. 그걸 각 홈에 넣고 나머지 한쪽의 향나무 토막을 그 위에 덮어. 흑연이 들어간 향나무 샌드위치가 되는 거지. 그럼 이렇게 돼."

루스는 다시 가방에 손을 넣어서 다른 향나무 토막을 꺼냈다.

"내가 공장에서 정말로 가져오고 싶었던 건 로비에 있는 연필이었어. 아마 9미터쯤 될 거야. 크기만 키워서 지우개까지 완벽하게 연필을 복제한 거야. 폴 번얀(Paul Bunyan, 전설에 나오는 거인 나무꾼 – 옮긴이)이나 킹콩이 뭔가를 적을 일이 있다면 쓸 법한 연필이지. 이제 이 향나무 샌드위치를 봐. 여기 10개의 연필이 갇혀 있어. 그걸 풀어줘야 해. 그래서 특수 톱으로 이 샌드위치에서 각 연필을 잘라내. 먼저 아래쪽부터 잘라서 이렇게 만들지. 연필이 삐져나온 게 보여?

전형적인 6면 연필이야. 보다시피 절반만 잘려 있어. 그 다음에 토막을 뒤집어서 다시 톱으로 잘라내면 10개의 연필이 나와. 그 다음에 각 연필을 아름다운 선황색으로 3번 칠하지. 연필을 깎을 때 보면 단면에 페인트가 전혀 묻어 있지 않잖아? 어떻게 그토록 완벽하게 칠할 수 있는 걸까?"

"특수 소형 붓을 쓰나요?" 조시가 말했다.

"맞아. 난쟁이 요정들이 엘프들에게 주문을 걸지. 주문에 걸린 엘프들은 정확하게 붓질을 해. 그게 아니고 사실은 연필을 조금 길게 만들어. 그리고 페인트를 칠한 다음에 깔끔하게 조금 잘라내지. 아주 마음에 들어! 놀랍지 않아? 엘프들보다 낫잖아! 반대편 끝부분은 약간 지저분해도 신경 쓰지 않아. 소비자가 볼 일이 없으니까. 어차피 약간의 알루미늄과 지우개로 가려지거든. 지우개를 부착한 다음에는 녹색 글자를 찍어. 빛을 잘 비추면 파리의 몸에서 보이는 네온그린색이지. 내가 전체 공정에서 가장 좋아하는 부분이 뭔지 알아? 향나무를 깎아내는 과정이야. 3면 톱으로 향나무 샌드위치에서 한 번에 한 면씩 연필을 깎아내면 약간의 톱밥이 나와. 환경청에서는 이걸 그냥 버리지 못하게 해. 그러면 어떻게 처리할까?"

"엘프들이 사는 작은 향나무 집을 짓나요?" 조시가 농담을 했다.

"이제 이해하는구나. 그렇지, 조시? 하지만 아냐. 연필 공장에서는 환경청이 요구하는 방식대로 처리하지 않고 칠면조 농장에서 와서 가져가게 해. 사육장 바닥에 톱밥을 깔거든. 칠면조는 톱밥 위에 앉는 걸 좋아해. 그래서 농장에서 기꺼이 와서 가져가지. 연필 공장은 어차피 처리해야 하니까 비용을 줄일 수 있고. 칠면조들이 11월 말에 무슨 일이 일어날지 모른 채(11월 마지막 주에 칠면조 요리를 먹는 추수감사절이 있다. – 옮긴이) 호화로운 향나무 침대 위에 편하게 앉아 있는 광경은 어딘가 서글픈 구석이 있어."

루스는 말을 멈추고 강의실을 둘러보았다.

"이건 그냥 단순한 연필이야." 루스는 연필을 들고 거대한 유리창으로 비치는 겨울 햇빛 속에 이리저리 돌렸다. "이보다 단순한 게 있을까? 그런데도 연필을 만드는 과정은 거의….." 루스는 적당한 단어를 찾기 위해 말을 멈췄다. "마법 같아. 이렇게 단순하고 사소한 걸 마법이라고 부르는 게 이상해? 하지만 멤버들이 다른 도시에 있는 재즈 4중주단이 즉흥적으로 장단을 맞추는 수준의 성과야. 언뜻 불가능해 보이지만 어떻게든 한데 어울리는 거지. 거기, 이름이 뭐지?" 루스는 강의실 뒤쪽에 앉아서 확연히 무관심한 표정을 짓고 있는 여학생을 가리키며 물었다.

"안드레아(Andrea)입니다."

"어떻게 생각해, 안드레아. 마법 같아, 아닌 것 같아?"

"멋지긴 하네요. 하지만 그냥 연필 아닌가요?"

"확실해? 그게 너의 답이야? 그냥 연필이라는 게? 평범하고 단순한 나무토막부터 생각해 봐. 일단 캘리포니아에 있는 향나무를 잘라서 제재소로 가져가야 해. 제재소에서 향나무를 토막내지. 나무를 자르고, 제재소로 가져가고, 모양을 만드는 단순해 보이는 과정에 수천 명이 동원돼. 숲에서 나무를 자르고, 나무를 자르는 톱을 만들고, 원목을 옮기는 트럭을 운전하고, 통나무를 가공하는 제재소에서 일하고, 제재소에 있는 기계를 만드는 사람들 말이야. 여기까지는 나무를 다루는 과정일 뿐이야. 연필심에 들어가는 흑연도 있지. 가령 수많은 스리랑카 사람들이 흑연을 캐내서 공장으로 옮겨. 알루미늄 덮개는 일본에서 와. 지우개는 한국 혹은 캐나다에서 만드는 합성 고무지. 멋진 광채를 내는 래커는 테네시나 뉴저지에서 와. 이것들은 기본 재료일 뿐이야. 연필 공장에는 이 재료들을 합치는 사람들이 있지. 그들은 다른 수많은 사람들이 설계하고 제작한 기계를 활용해. 누구도 혼자서는 이 모든 일을 할 수 없어. 혼자 하려면 수천 번의 삶이 필요할 거야. 누구도 연필을 만들지 못해."

"그러니까 많은 사람들이 연필을 만드는 과정에 참여한다는 거잖아요." 안드레아는 말했다. "전문화를 하는 거죠. 그래서 어떻다는 건가요? 뭐가 마법이라는 거예요?"

"누가 이 집단을 지휘하지?"

"네?"

"누가 이 집단을 지휘해?"

"무슨 집단요?"

"연필을 만드는 데 참여하는 집단 말이야. 누가 그들을 이끌지? 이 집단의 리더는 어디 있어? 연필 시장의 군주는 어디 있지? 누구야?"

"그런 사람이 왜 필요해요?" 안드레아는 물었다.

"해마다 모든 연필을 만드는 데 필요한 적당한 양의 향나무가 잘리고, 적당한 양의 흑연이 채굴돼. 이 두 재료는 다른 수많은 용도로도 쓰이는 데 말이야. 왜 항상 충분한 양만 유통될까? 웨이트리스가 트럭 운전수에게 '미안한데 오늘은 커피가 다 떨어졌어요.' 라고 말하는 일은 없어. 제재소에서 향나무가 떨어지는 일은 없어. 또한 9월 혹은 1월에 학내 서점에 가도 하나를 원하든 12개를 원하든 항상 충분한 연필이 있어. 서점 주인이 '미안한데 연필이 다 떨어졌어요. 7월에 다시 와요. 그때가 되면 대리점에 재고가 있을 거야.' 라고 말하는 일은 없어. 이건 시작일 뿐이야. 이 집단에 얼마나 많은 사람이 필요한지 누가 결정하지? 그들이 어떤 일을 맡을지 누가 결정할까? 누가 전 세계에 흩어져 연필의 재료를 만드는 사람들에게 언제 무엇을 해야 하는지 말할까? 누가 모든 작업자들이 일을 잘하게 만들까? 어쩐 일인지 수많은 사람들이 지구 전체에 흩어져서 협력을 해. 하지만 누구도 그 과정을 조율하지 않아. 스리랑카에서 흑연을 캐는 사람은 향나무를 연필 공장으로 운송하는 트럭 운전수와 연락하는 일이 없어. 그래서 전국에 흩어진 다른 3명과 재즈를 연주하는 것과 비슷하다고 하는 거야. 대본은 없어. 악보도 없어. 지휘자도 없어. 놀랍지 않아?"

강의실이 조용해졌다. 학생들은 어떤 반응을 보여야 할지 몰랐다. 교수가 강의실에서 환희에 찬 모습을 보이는 일은 드물었다. 연필을 갖고 환희에 차는 일은 더욱 드물었다.

"마법을 인식하려면," 루스는 말을 이어나갔다. "연필이 만들어지는 과정의 마법을 인식하려면 주의를 기울이는 것으로는 부족해. 마법은 숨겨져 있어. 일종의 조용한 음악, 연필의 음악이지. 하지만 일단 이해하면 머릿속에서 그 음악을 들을 수 있어. 그 음악의 원천, 마법의 원천은 애덤 스미스(Adam Smith)가 말한 '어떤 것을 다른 것으로 교환하려는 성향'이야. 스미스는 누가 주도적으로 위에서 부여하려 하지 않아도 질서가 발현될 수 있다는 걸 이해했어. 단지 사람들이 서로 물건을 사고파는 과정에서 말이야. 조직자가 없어도 조직된 체계가 만들어질 수 있다는 거야. 이 체계를 누가 유지할까? 무엇이 이 연필이 내 손에 들어오기까지 힘을 보탠 모든 사람들의 협력 체계를 만들었을까? 그래, 이름이 뭐지?"

"에이미입니다. 교수님의 질문과 관련된 질문을 해도 될까요?"

"그럼."

"누구도 주도하지 않는다고 말씀하셨잖아요. 하지만 교수님이 방문한 연필 공장에는 사장이 있어요. 직원들이 그냥 나와서 자기 일을 하면 '짠!' 하고 연필이 나오는 게 아니에요. 나무를 주문하고, 알루미늄을 주문하고, 고무를 주문하고, 직원을 채용하고, 직원을 감독하고, 급여를 결정하고, 때로 직원을 해고하는 사람이 있어요. 흑연을 구매할지 아니면 공장에서 만들지 결정하는 사람이 있어요. 실제로 즉흥적으로 되는 건 아니에요. 누군가는 주도해요."

"그건 착각이야."

"네?" 에이미는 물었다. "사람들이 조직 안에서 자율권을 많이 갖고 있다는 뜻인가요?"

"그 말도 맞아." 루스는 대답했다. "하지만 내 말은 더 복잡한 뜻을 갖고 있어. 사장이 주도한다는 건 착각이라는 거지. 사장이 누구를 채용하고 해고할지, 급여로 얼마를 줄지, 향나무 육묘장을 보유할지 다른 회사에서 향나무를 살지 결정하는 것처럼 보일 뿐이야. 심지어 사장이 연필 가격도 정하지 못해."

"하지만 그런 결정을 사장이 내리지 않는다면 누가 내려요?" 에이미가 물었다.

"누구도 내리지 않아." 루스는 잠시 말을 멈추고 방금 한 말의 의미가 전달되기를 기다렸다. 강의실이 갑자기 아주 조용해진 것 같았다. 루스는 속으로 '강의가 너무 좋고, 경제학이 너무 좋아.' 라고 생각했다.

"지금부터 한 학기 동안 어떻게 그런 일이 가능한지 이해하려고 노력할 거야." 루스는 말했다. "그전에 숙제가 있어!" 루스는 강의실 앞을 서성였다.

"다음 강의 때까지 우리 주위에서 스스로 조직된 것을 찾아. 누구도 주도하지 않는데 질서나 목적을 드러내는 것을 찾아. 주위를 둘러봐. 사방에 있으니까."

chapter 3
새들의 즉흥 군무

호세 페르난데스는 먼 지방에서 타격 시범을 보이던 도중 쓰러진다. 작은 야구장이 고요해진다. 사람들이 그를 인근 병원으로 급히 옮겼으나 이미 때가 늦었다. 그의 죽음으로 전국이 슬픔에 잠긴다. 사람들은 그가 너무 오래, 너무 열심히 뛰는 바람에 심장이 멈춰버렸다고 말한다. 그의 아내인 셀리아는 구급차가 제대로 된 장비가 없는 엉뚱한 병원으로 갔다는 소문을 듣는다. 하지만 이제 와서 어쩌겠는가?

카스트로가 장례식에 참석하고, 며칠 동안 울음과 추모가 이어진다. 장례식이 끝나고 일주일, 한 달이 지나가자 사정이 달라진다. 셀리아가 익숙하게 누리던 특별대우가 조금씩 사라진다. 그녀는 살던 집에서 나와야 한다. 직장을 옮겨야 하고, 새 직장은 월급이 더 적다. 그녀는 미래를 내다보며 아들이 아버지의 재능을 조금이라도 물려받는다면 카스트로에게 쓸모가 있을 것이라고 생각한다. 사람들은 라몬을 데려가 체육학교에 넣을 것이다. 라몬은 최고의 지도를 받을 것이다. 좋아하든 아니든 아버지처럼 야구 선수가 될 것이다. 그녀는 보상을 받을 것이다. 집과 직장 그리고 과거에 익숙해졌던 모든 것을 되찾을 것이다. 과거의 삶이 재건될 것이다. 그게 라몬에게 무슨 도움이 될까? 남동생인 에두아르도(Eduardo)는 보트를 가진 사람을 안다. 그들은 계획을 세운다.

셀리아와 라몬이 쿠바를 떠난 후 카스트로는 체육부장관에게 호세 페르난데스의 모든 기록을 삭제하라고 지시한다. 모든 명판을 내리고, 고향에 세워진 동상을 부수고, 그에 대한 기억을 영원히 지워버리라고 지시한다.

|

라몬은 일요일에 캠퍼스를 벗어나 팰로앨토에 있는 태국 식당에서 헤비 웨더와 친구들을 만났다. 버클리 학생들은 모두가 헤비 웨더를 알았지만 나이가 30살 근처인지 50살 근처인지 아무도 몰랐다. 어떤 사람들은 그의 부모가 1960년대에 극렬분자였으며, 팬서(Panthers, 흑인 과격파 집단인 흑표범당(Black Panther Party)을 말함 – 옮긴이)와 중대한 범죄를 저지른 후 수감된 적이 있다고 말했다. 어떤 사람들은 헤비 웨더가 이 이야기를 꾸며냈으며, 그는 단지 과거의 영광을 그리는 만년 사회학 전공 대학원생일 뿐이라고 말했다. 누구도 의심치 않았던 점은 그가 정치적 예술 양식으로서 시위와 거리 연극의 미학에 매료되었다는 것이었다. 부유한 관료들이 세계무역기구나 교역정책 혹은 개도국 지원 문제를 논의하기 위해 모일 때마다 헤비 웨더는 그 자리에 있었다. 그는 시애틀에도, 워싱턴에도, 제네바에도, 도하에도 있었다. 그는 타고난 조직 능력과 비슷한 생각을 가진 수많은 사람들의 이메일 목록을 갖고 있었다.

누구도 헤비 웨더가 그의 실명인지 아닌지, 그의 부모가 60년대식 영감을 받아 지은 것인지 그가 자칭한 것인지 확실히 알지 못했다. 그러나 현재로서는 이름의 첫 부분이 아이러니하다는 사실만은 분명했다. 그는 묵직하다기보다 수수깡 같았다. 키가 1미터 83센티미터인데 체중은 75킬로그램을 넘기지 않았다. 그는 시위와 거리 공연을 좋아하는 데 더하여 자전거 타기와 운동에 집착했다. 그는 마라톤 선수처럼 깡마른 체구를 갖고 있었다. 그는 차가 없었고, 운전을 하지 못했으며, 운전면허증도 갖고 있지 않았다. 그는 버클리에서 팰로앨토까지 자전거를 타고 점심을 먹으러 가는 걸 대수롭지 않게 여겼다. 실제로는 즐기기까지 했다.

헤비 웨더는 지진이 일어난 날 밤에 빅박스가 가격을 인상했다는 이야기를 들었다. 누군가가 그에게 라몬 페르난데스가 거기 있었으며, 앞장서서 항의했다고 말했다. 헤비 웨더는 두 사람이 힘을 합치는 게 타당할지 생각했다. 그는 언제나 소비자를 착취하는 기업에게 타격을 입힐 기회를 찾고 있었다. 그는 즉시 라몬의 높은 명성을 활용할 가치가 있다고 판단했다.

그들은 점심을 먹기 시작할 무렵 시위 장소를 놓고 논쟁을 벌였다. 라몬은 스탠퍼드 경영대학원에 속한 빅박스 최고경영자교육센터에서 시위를 벌이고 싶어했다. 이 센터는 향나무와 유리로 만든 멋진 건물로서 캠퍼스 가장자리의 언덕 사이에 자리 잡고 있었다. 반면 헤비 웨더의 동지 중 한 명은 버클리에서 시위를 벌이고 싶어했다. 버클리에서는 주민과 시위에 동조하는 다수의 학생을 쉽게

끌어모을 수 있었다. 그들은 한 시간 넘게 각 후보지에 대한 찬반양
론을 나눴다.

마침내 스탠퍼드 쪽으로 의견이 모였다. 빅박스는 충분히 거대
한 표적이어서 버클리 학생들도 건너오도록 설득하기 쉬웠다. 유일
한 걱정거리는 학교측에서 시위를 아예 불허하거나 별로 눈에 띄지
않고 사람들을 동원하기 어려운 곳으로 시위자들을 몰아넣어서 시
위 효과를 떨어트릴지 모른다는 것이었다. 빅박스는 스탠퍼드 캠퍼
스에 대한 투자가 오히려 화를 부르는 꼴을 못마땅해 할 것이 분명
했다. 그들은 시위를 중단시키든지 적어도 영향을 최소화하라고 학
교측을 압박할 것이었다. 그래도 주동자들은 시위를 강행하기로 결
정했다. 다만 가능한 조용하게 진행하여 학교측이 대응할 시간을
최대한 줄일 작정이었다.

헤비 웨더는 빅박스 건물의 위치가 캠퍼스 중앙에서 멀리 떨어
진 것이 오히려 더 좋다고 주장했다. 그들은 기념관 바깥의 분수대
에 집결할 예정이었다. 그 다음 빅박스 건물로 행진하여 토론회를
벌일 것이었다. 헤비 웨더는 행진을 좋아했다. 행진은 아드레날린
을 분출시키는 좋은 수단이었다. 시위대가 빅박스 건물에 도착하면
연설을 하고 빅박스에 요구사항을 전달할 것이었다. 소비자에 대한
착취를 중단하고, 피해 고객에게 보상하고, 직원들의 급여를 인상
하고, 기업윤리를 강화하라는 등의 요구였다.

행진을 하려면 준비할 것이 많았다. 구호판, 깃발, 구호가 필요

했다. 구호판과 깃발은 직접 만든 것처럼 보이면서도 분명히 현장에 나올 언론의 카메라에 잘 보여야 했다. 헤비 웨더는 이메일 연락망으로 소식을 전달할 것이었다. 파괴와 서구의 가치관, 부계 구조와 모계 구조 및 제약의 대칭성과 비대칭성에 대한 논의가 활발하게 진행되었다. 점심자리가 저녁자리로 이어지기 전에 결정해야 할 중요한 문제가 하나 더 있었다. 바로 라몬을 외부자나 유명인 활동가가 아니라 대표 연설자로 내세운다는 것이었다. 뒤이어 그들은 시위 날짜와 다른 연설자들을 정했다.

거의 4시였다. 라몬은 에이미의 집에 들렀다. 에이미는 라몬을 베이랜즈(Baylands)로 데려갔다. 엠바카데로(Embarcadero)의 끝자락에 있으며 샌프란시스코만에 접한 자연보호구역이었다. 공원 입구에는 연못이 있었다. 에이미와 라몬은 연못을 둘러싼 벤치 중 하나에 앉아 이야기를 나눴다. 두 사람 주위에는 아이와 부모들이 연못에 모여든 오리와 다른 새들에게 모이를 주었다.

에이미는 라몬에게 오후에 들은 경제학 강의에 대한 이야기를 들려주었다. 에이미가 받은 과제는 주위에서 의도적인 설계의 산물이 아님에도 질서를 드러내는 사례를 찾는 것이었다. 에이미는 라몬에게 경제학 강의와 과제에 대한 이야기를 하다가 오리들에게 눈길을 돌렸다. 아이들이 즐거워하는 모습이 보기 좋았다. 에이미는 라몬과 이곳으로 자주 놀러왔다. 그러나 오리와 아이들 그리고 그들이 함께 노는 모습 속에 숨겨진 질서를 보지 못했다.

언제나 많은 오리가 아이들을 맞았지만 그 수가 지나치지는 않았다. 이유는 알 수 없었다. 누구도 베이 에이리어의 오리들에게 연락해서 일부는 이번 주에, 나머지는 다음 주에 초대하지 않았다. 어떤 조직도 드나드는 오리들을 점검하여 이 작은 연못에 적정한 수의 오리를 배정하지 않았다. 베이 에이리어에 사는 수많은 오리들은 수천 제곱킬로미터의 땅에서 갈 곳을 고를 수 있었다. 그러나 어떻게 된 일인지 한 마리도 없거나 수천 마리가 있거나 하는 경우는 없었다. 매일 10마리쯤 되는 적정한 수의 오리들이 이 연못에 모습을 드러냈다.

아이들과 오리들의 수가 너무나 잘 맞춰지는 것에 놀라는 사람은 없었다. 물론 완벽하지는 않았다. 어떤 날은 더 적은 아이들이 왔다. 또 어떤 날은 오리들이 너무 많아서 모이를 놓고 싸움을 벌였으며, 아이들은 여느 때처럼 좋은 시간을 보내지 못했다. 그러나 일정도, 일정을 세우는 사람도 없는 상황에서 오리들의 수는 놀랄 만큼 잘 조절되었다. 에이미는 라몬에게 너무 집중하는 바람에 주위에서 작용하는 숨겨진 질서를 보지 못했다.

라몬과 에이미로부터 6미터 떨어진 곳에서는 아이들과 오리들의 등장에 대응하여 개미들이 바삐 움직였다. 개미들은 사방으로 흩어져서 오리들에게는 너무 작은 부스러기를 찾았다. 그런데 이런 수색 작업은 아무렇게나 이뤄지는 것처럼 보이지 않았다. 한 마리가 부스러기를 발견하면 개미집으로 돌아가면서 다른 개미들이 따라갈 수 있도록 페로몬의 자취를 남겼다. 개미 군락은 지능적으로 움직여서 더 많은 개미를 부스러기가 있는 곳으로 보냈다. 하지만 어떤 한 마리의 개미, 심지어 여왕개미도 이 정보를 알지 못했다. 에이미는 개미 군락이 조직되는 방식을 보지 못했다.

연못 수면에는 눈에 보이지 않을 만큼 작은 식물플랑크톤이 있었다. 혼란스런 온도와 바람의 변화에 따라 이 플랑크톤의 개체수가 바뀌었다. 폭풍이 불면 연못이 넘치고, 아이들이 며칠 동안 오지 못했으며, 개미들이 죽었다. 그러나 폭풍은 수면과 그 아래에 사는 생물들에게 필요한 온갖 영양분을 날라왔다. 오리, 개미, 식물플랑크톤, 새우, 물고기, 새, 다른 모든 것들이 질서를 추구하는 힘으로 혼돈의 힘에 대응하는 생명의 망을 이루었다. 이 생명의 망은 오리들을 새우들과, 새우들을 동물플랑크톤과, 동물플랑크톤을 수면에서 정처 없이 떠밀려 다니는 식물플랑크톤과 연결했다. 아이들은 연못을 둘러싼 복잡한 생명의 망에 또 다른 가닥을 더했다.

에이미는 이 모든 것을 생각지 못했다. 에이미는 라몬에게 고등학교 때 알게 된 경제학자인 하이에크에 대해 이야기했다. 하이에크는 즉흥적 질서에 관심이 많았다. 즉흥적 질서는 저마다 자기 일에 열중하는 개인 사이의 복잡하고 무계획적인 상호작용에서 생겨났다. 라몬은 귀를 기울였지만 동시에 에이미에 대해, 해가 낮아져서 그녀의 머리에 후광을 비추는 것에 대해, 그녀의 금발이 얼마나 짙은지에 대해 그리고 그 금발이 햇빛 속에서 얼마나 아름다운지에 대해 생각했다.

연못 수면에 물결을 일으키는 미풍에도 불구하고 에이미와 대화를 나누며 그녀의 머리칼을 바라보는 라몬의 체온이 아주 조금 상승했다. 그 정도는 라몬이 애를 써도 알아채기에 충분치 않았다. 그러나 완벽한 체온계라면 처음 여기 왔을 때보다 약간 올라간 라몬의 체온을 알려줄 것이었다. 라몬의 몸은 저녁 공기 속으로 여분의 열기를 방출하여 체온 상승에 대응했다.

에이미와 라몬은 벤치에서 일어나 근처에 있는 자연보호구역 입구로 걸어갔다. 새를 관찰하는 사람들은 오늘 밤 야외 망원경과 삼각대를 가지고 나왔다. 하지만 라몬과 에이미는 그들을 인식하지 못했다. 두 사람은 네이처 센터를 지나 긴 산책로를 걸어갔다. 해안 가장자리에 있는 습지를 가로지르는 산책로였다. 제비들이 습지 위를 천천히 걸어가는 두 사람 주위를 날아다녔다. 산책로 끝에는 작은 전망대가 있었다. 앉거나 서서 사방에 있는 물새들을 볼 수 있는 곳이었다. 물새들은 습지가 해안을 어루만지는 얕은 물가를 위아래로 날아다녔다.

에이미는 하이에크와 누구도 주도하지 않는데 질서가 이뤄지는 역설에 대해 이야기했다. 그러나 머릿속으로는 라몬과의 미래를 생각하고 있었다. 두 사람이 학업을 마치고 이후 5년에서 10년 동안 서로가 바라는 길을 걸을 때까지 관계가 이어질지 알 수 없는 일이었다.

에이미는 라몬에게 고등학교 때 경험한 사례에 대해 이야기했다. 당시 학교 모퉁이의 커피숍에는 항상 충분한 베이글이 있었다. 그래서 갑자기 브런치가 먹고 싶어졌을 때 미리 전화할 필요가 없었다. 이 모든 일은 베이글 시장의 군주가 주재하지 않는 가운데 이뤄졌다. 라몬은 그게 과제에 맞는 사례가 될지 물었다. 에이미는 아니라고 대답했다. 이 사례는 루스 교수가 강의 시간에 말한 연필 이야기, 즉 교내 서점에 가면 항상 연필이 있다는 이야기와 너무 비슷했다. 라몬은 생물학에서 사례를 가져오면 어떠냐고 제안했다. 가령 인체와 관련된 사례를 찾을 수 있을지도 몰랐다. 분명 인체가 잘 작동하도록 자가 조절이 되는 체계가 많을 것이었다. 에이미는 "맞아, 세포, 혈액순환, 심장 같은 게 그래."라고 대답했다.

처음에 에이미는 습지 위를 떠다니는 작은 그림자를 보지 못했다. 라몬도 마찬가지였다. 두 사람은 서로에게 너무 몰두하고 있었다. 그런데 갑자기 날갯짓 소리가 들려왔다. 대화에 몰입한 두 사람 근처에서 막 무슨 일이 일어나고 있었다. 두 사람이 고개를 들자 매 한 마리가 습지까지 내려와 무성한 수풀 속에 있는 둥지에서 먹이를 낚아채려 하고 있었다. 사방에 흩어져 수풀 속에 숨어 있던 흑꼬리도요, 되부리 장다리물떼새, 검은머리 장다리물떼새는 매의 그림자를 보았다. 이 새들은 느린 동작을 토대로 살아갔다. 한 걸음을 떼는 속도가 너무나 느려서 가끔은 정말로 살아 있는지 의심스러울 정도였다. 하지만 그들은 매의 그림자가 보이자 모든 대원을 전투

위치로 보내는 비상등이 켜진 것처럼 빠르게 대응했다. 그들은 즉 각 무리를 이루고 마치 한 마리의 새인 것처럼 날아올라서 매를 향해 움직였다. 그들만이 아는 영역을 방어하려는 움직임이었다. 새떼는 잠시 맴돌다가 매가 오는 쪽으로 빠르게 날아갔다. 매는 새떼로부터 벗어나려고 아래로 곤두박질치며 몸을 회전시켰다. 그러나 무리를 이룬 작은 새들은 한 마리의 새처럼 매를 잡거나 최소한 쫓아내기 위한 추격을 멈추지 않았다. 라몬은 이리저리 매를 쫓아가는 물새들을 보며 미소를 지었다. 라몬은 흥미로운 광경에 이내 웃음을 터트렸다. 라몬은 에이미에게 몸을 돌려서 매를 쫓아 허공을 오르내리는 새떼를 가리켰다. 흑꼬리도요의 탁한 빨간색 날개가 황금빛 석양을 받아 반짝였다.

에이미의 시선은 라몬의 손길을 따라갔다. 라몬은 모든 행동이 우아했다. 몇 분 동안 에이미의 체온이 올라갔다. 에이미는 아무런 노력을 하지 않았는데도 두 눈 아래 완벽한 곡선을 그리는 광대에 분홍빛이 감돌았다. 촉촉해진 에이미의 윗입술은 저무는 햇빛을 받아 희미하게 반짝였다. 매는 멀리 날아가고 새떼들이 정적인 생활로 돌아간 후 라몬은 에이미의 얼굴로 시선을 돌렸다. 분홍빛으로 물든 뺨 때문인지 촉촉한 윗입술 때문인지 아니면 다른 이유 때문인지 알 수 없었다. 라몬은 새끼를 지키려는 새떼들의 충동만큼이나 이해할 수 없는 이유에 이끌려 에이미를 안고 입을 맞췄다.

이제 태양이 졌다. 에이미와 라몬은 저녁을 먹으러 팰로앨토와 마운틴뷰의 경계에 있는 티토스(Tito's)라는 작은 쿠바 식당으로 갔다. 식당에는 아바나의 사진도, 헤밍웨이의 사진도, 쿠바 분위기를 내는 어떤 장식품도 없었다. 그래도 이곳의 검정콩 요리는 베이 에이리어에서 가장 맛있었다. 라몬과 에이미는 거기에 가려고 평소에 입던 운동복과 티셔츠 대신 말끔한 옷을 입었다. 라몬은 재킷을 걸쳤다. 에이미는 길게 흘러내리는 치마에 목 부분이 파진 달라붙는 민소매 상의를 입었다.

두 사람은 저녁을 먹은 후 샌프란시스코가 있는 북쪽으로 향했다. 목적지는 해안 근처에 있는 클럽이었다. 클럽이 있는 곳은 해안에서 가장 좋고 화려한 지역, 어부들이 찾는 부두인 것처럼 관광객들을 끌어들이는 지역(샌프란시스코의 유명 관광지인 피셔맨스 와프를 말함 – 옮긴이)이 아니었다. 에이미와 라몬이 간 클럽은 실제로 배에서 일하는 사람들로 가득한 거친 곳이었다. 그들은 긴 하루의 육체노동을 끝내고 이 클럽에서 식사를 하거나 술을 마시며 음악을 들었다. 벽에는 페인트칠이 되어 있지 않았다. 화장실은 그저 볼일만 보는 곳이었다. 유일한 장식품은 네온으로 만든 오래된 체르베사 크리스탈(Cervesa Cristal) 광고판이었다. 이 클럽의 초점은 주중에도 새벽 한두 시까지 이어지는 음악과 춤이었다.

라몬과 에이미는 오늘 밤 공부를 해야 했다. 그러나 살사와 맘보의 낭만이 그들을 북쪽으로 이끌었다. 5명의 연주자가 구석에 마련된 자리에 몰려 있었다. 무대라고 부르기에는 너무 작고 불편한 자리였다. 나이 많은 그들은 역시 나이 많은 사람들을 끌어들이는 옛 노래를 연주했다. 그 점만으로도 에이미와 라몬을 두드러지게 만들었을 것이다. 라몬은 시선을 막는 수단으로 중고시장에서 산 페도라를 깊이 눌러썼다. 그러나 에이미를 데려오면서 계획이 망가졌다. 두 사람이 춤을 추는 동안 금발에 키가 1미터 80센티미터 가까이 되는 에이미는 눈에 띌 수밖에 없었다.

라몬은 어린 시절부터 듣고 자란 음악에 맞춰 춤을 췄다. 아이가 엄마의 미소에 미소로 답하듯 저절로 리듬에 따라 몸이 움직였다. 에이미는 자주 듣다 보니 좋아하게 된 경우였다. 그래도 그녀는 나름의 흥을 낼 수 있었다. 이미 그 자체로 완벽한 두 사람의 몸은 서로 어울리면서 더욱 멋져 보였다.

조명이 희미해졌고, 라몬을 알아보는 사람들조차 그를 귀찮게 하지 않았다. 비로소 그에게 느긋하게 즐길 수 있는 안식의 시간이 주어졌다. 옛 노래에 맞춰 추는 춤은 테니스와 학업의 스트레스를 잊게 해주었다. 또한 다른 한편으로는 마이애미에 있는 작은 주방에서 어머니와 함께 놀던 일을 떠올리게 만들었다. 그의 어머니는 저녁을 준비하면서 언제나 틀어놓던 라디오에서 흘러나오는 음악을 흥얼거렸다. 망각과 기억에 더하여 약간의 상상도 이뤄졌다. 라몬은 아버지와 어머니가 쿠바에서 이 옛 노래에 맞춰 춤추는 모습을 상상했다. 눈을 감으면 옛 노래의 가락이 바다 건너 자신이 태어난 섬으로 그를 데려가 주었다.

에이미에게 이 시간은 라몬과의 대화 그리고 라몬이 보여준 사진으로만 알던 그의 세계에 가까이 다가갈 수 있는 기회였다. 에이미는 어머니의 용기 덕분에 라몬이 어린 시절에 바다를 건너왔다는 사실을 알았다. 5살 무렵의 라몬이 아바나 거리에서 카우보이모자를 쓰고 있는 사진, 지금의 라몬보다 약간 나이가 많은 그의 아버지가 유니폼을 입고 마치 어깨에 특별한 홈이 파여 있어서 어디를 가든 걸치고 다니는 것처럼 배트를 어깨에 걸치고 있는 사진, 라몬의 아버지와 어머니가 차를 타고 유명한 아바나의 해안길인 말레콘(Malecon)을 지나는 사진도 보았다.

하지만 그 이상은 몰랐다. 라몬은 에이미가 채근하지 않으면 쿠바에 대한 이야기를 별로 하지 않았다. 에이미가 라몬을 채근하는 일은 드물었다. 에이미는 라몬이 쿠바에 가본 적이 없다는 사실을 알았다. 또한 라몬의 어머니도 쿠바에 다시 간 적이 없으며, 카스트로가 죽기 전에는 절대 가지 않겠다고 맹세했다는 사실을 알았다. 라몬도 그런 맹세를 했을까? 에이미는 알지 못했다. 적어도 지금은 어머니의 뜻을 존중하기 위해서든 아니면 자기만의 이유에 따른 것이든 쿠바로 갈 계획이 없었다. 이런 밤은 라몬의 어린 시절, 라몬의 아버지, 라몬의 뿌리와 이어질 수 있는 기회였다.

라몬에게 쿠바 출신이라는 사실은 어떤 의미를 지닐까? 에이미는 라몬의 고모나 삼촌일지도 모를 사람들과 어울려 땀을 흘리며 몸을 흔드는 이런 밤에 그 답을 얼핏 감지할 수 있었다. 그녀는 위엄 있게 고개를 높이 든 그들의 모습과 격하게 움직이는 그들의 손짓에 감탄하면서 희미한 조명에 잠긴 라몬의 얼굴을 바라보았다.

오늘 밤 두 사람은 음악에 기대 탈출을 꿈꾸었다. 라몬은 헤비 웨더를, 윔블던을, 공부를, 졸업 이후에 대한 걱정을 잊었다. 음악은 강처럼 그의 몸속을 흘러갔고, 그는 바다로 향하는 잔잔한 강물처럼 모든 힘을 빼고 물살에 몸을 맡겼다.

에이미는 기타와 드럼의 리듬에 몰입하기 위해 여느 때보다 많은 애를 썼다. 라몬이 얽히게 된 시위에 대한 생각이 계속 떠올랐다. 아니, 라몬이 스스로 얽힌 것일까? 아직은 말할 수 없지만 라몬이 향후 그의 이미지와 경력에 도움이 될 수도, 손해가 될 수도 있는 일에 뛰어든다는 사실을 알 만큼은 정치와 인간 심리를 알고 있었다. 그녀가 보기에 헤비 웨더는 신뢰할 만한 구석이 없었다. 그래서 시위를 벌이는 것이 라몬에게, 어쩌면 모두에게 실수가 될지도 모른다고 걱정했다.

"왜 그래?" 라몬은 노래가 끝난 후 물었다. "딴 데 정신이 팔려 있는 것 같아."

"아무것도 아냐." 에이미는 대답했다.

에이미는 억지로 다시 음악에 몰입했다. 끝없는 드럼의 리듬에 맞추고, 라몬과 완벽하게 조화를 이뤄서 몸을 움직였다. 에이미의 치마가 우아한 라몬의 몸을 흰 장미처럼 휘감았다.

chapter 4
상상할 수 없는 일

라몬과 그의 어머니인 셀리아는 마이애미로 건너온 초기에 최선의 노력을 기울인다. 처음에 두 사람은 사촌의 거실에서 잔다. 불과 1년 후 하루에 두 개의 일을 한 셀리아는 아파트를 구하기에 충분한 돈을 모은다. 라몬은 그녀의 유일한 아이다. 그래서 그녀는 일하는 시간 외에 모든 시간을 라몬의 미래에 투자한다. 그녀는 라몬과 더 많은 시간을 보내려고 하나의 직장을 그만둔다. 그녀는 생활비를 맞추기 위해 할인점에서 물건을 사고 쌀과 콩을 요리하는 새로운 방법을 찾아낸다. 그녀는 라몬에게 책을 읽어주려고 영어를 배운다. 라몬의 공부를 도와주려고 영어를 배운다. 미국인처럼 생각하려고 영어를 배운다. 그러나 밤에는 라몬에게 아버지에 대한 이야기를 들려주고 쿠바 자장가를 불러준다.

|

에이미는 루스 교수의 다음 강의 시간에 습지에서 새들이 매를 쫓은 이야기를 했다.

"새들은 프로그래밍이 된 것처럼 쏜살같이 날아다녔어요. 어떤 새도 통솔하지 않았지만 전체 무리가 하나가 되어 움직였어요. 바람이 불고 매가 이리저리 움직이는데도 새떼는 흩어지지 않았어요. 마치," 이 대목에서 에이미는 적당한 단어를 찾아 잠시 머뭇거렸다. "인형술사가 비행 대형을 유지하기 위해 새떼를 조종하는 것 같았어요."

"한 무리의 새가," 루스가 말했다. "여기저기 마구 날아다니지 않고 질서정연하게 날아다녔다는 거군. 거기서 질서의 진정한 마법을 봐야 해. 참여자들이 의도하지 않았는데도 어떤 일이 일어나. 어젯밤에 네가 본 새떼는 목표가 있는 것처럼 행동했어. 바로,"

"매를 제거하는 거요." 에이미가 빈칸을 채웠다. "매를 쫓아내는 거요. 하지만 무리를 이룬 대다수 새는 아마 그냥 다른 새와 부딪히지 않고 가까이 머물려고 노력했을 거예요. 단순한 규칙을 따랐을 뿐인데 그냥 같이 날아다니는 것보다 대단한 일을 이룬 거죠."

"좋은 사례야." 루스는 말했다. "물고기떼나 사자에게 쫓기는 누우떼도 같아. 연필을 만드는 과정에 참여하는 사람들도 그래. 스리랑카에서 흑연을 캐는 사람은 자신이 캘리포니아에서 향나무를 키우는 사람과 협력하여 메인 주에서 연필을 만드는 고객에게 재료를 제공한다는 사실을 몰라. 그래도 그들은 새떼처럼 같이 협력하지. 그들은 새떼처럼 외부의 힘에 대응해. 그 결과 누구도 의도하지 않았던 성과를 내지. 이 과정은 전문화로 시작해. 누구도 연필을 만들 수 없어. 연필을 만들기 위해 알아야 하는 수많은 일이 전 세계에 흩어져 있어. 사람들은 모든 것을 통달하기보다 소수의 작업을 전문적으로 처리해. 그 편이 좋아. 왜 그럴까?"

"맡은 일을 갈수록 잘하게 되니까요." 에이미가 대답했다.

"맞아. 전문화를 하면 흑연을 캐는 방법, 알루미늄을 제련하는 방법, 향나무를 키우는 방법처럼 맡은 일에 대한 지식을 얻게 돼. 과제를 나누면 각각의 작업에 가장 적당한 사람들이 해당 공정을 진행하는 데 필요한 지식을 얻을 수 있어. 여기까지는 좋아. 그게 전문화의 이점이지. 하지만 큰 단점도 있어."

"같은 일을 반복하면 지루해져요." 조시가 말했다.

"그래. 우리가 전문화라고 생각하는 조립라인에서 일하는 사람들의 경우는 특히 더 그렇지. 하지만 다행히 요즘은 조립라인에서 일하는 사람이 줄고 있어. 로봇과 기계가 대다수 반복 작업을 하지. 과제를 분산하는 방식이 지닌 가장 큰 문제점은 각 참여자가 얻는 지식도 분산된다는 거야."

"왜 그게 문제죠?" 조시가 물었다.

"때로는 지식을 일정한 방식으로 조직할 필요가 있어."

"연필 공장이 그런 일을 하는 거 아닌가요?" 조시가 물었다. "거기서 지식을 종합하는 것 아닌가요? 다양한 전문성을 지닌 여러 납품업체로부터 재료를 받아서 연필이라는 형태로 지식을 합치는 것 아닌가요?"

"맞아." 루스는 대답했다. "멋진 일이지. 하지만 우리가 '전문성' 혹은 '노하우'라고 부르는 그 지식은 전문화로 획득한 다음 일정한 의미에서 다시 합친 지식의 일부일 뿐이야. 삶이 정적이고 사람들이 매해 같은 수의 연필을 원한다고 상상해 봐. 연필의 재료로 향나무와 흑연만 필요하다고 가정하면 해마다 각 납품업체는 같은 양을 생산하고, 갈수록 일을 잘하게 되겠지. 하지만 삶은 정적이지 않아. 사람들이 사려는 연필의 수는 해마다 같지 않아. 그리고 흑연은 연필에만 쓰이는 게 아냐."

"그게 왜 중요한가요?" 조시가 물었다.

"자동차 회사가 흑연을 브레이크 라이닝에 쓰면 제동 능력이 올라간다는 사실을 알게 됐다고 가정해 봐. 그러면 갑자기 자동차 회사들이 흑연을 많이 사려고 할 거야. 하지만 현재 생산되는 흑연은 이미 전부 소모되고 있어. 여분의 흑연이 별로 없단 말이야. 그럼 어떤 일이 일어날까? 사람들은 어떤 일이 일어나기를 바랄까? 흑연 생산업체들이 자동차 회사의 수요를 충족할 추가 흑연을 찾아야 할까? 혹은 연필 제조업체, 테니스 라켓 제조업체, 낚싯대 제조업체 등 흑연을 쓰는 다른 업체들이 구매량을 줄여서 자동차 회사들이 쓸 여분을 확보해야 할까? 아니면 자동차 회사들이 양보해서 원하는 양보다 적게 써야 할까?"

안드레아가 물었다.

"책임자들이 이런 문제를 결정하게 하는 편이 더 낫지 않을까요? 인간의 소통능력을 활용해야 하지 않을까요?"

"새들이 의사소통을 할 수 있고 그중 한 마리가 무리를 통솔한다면 새떼들이 더 잘 움직일까?"

"당연하죠." 안드레아는 말했다. "블루 엔젤스(Blue Angels, 미 해군 곡예비행팀 – 옮긴이)를 보세요. 말하자면 그들은 의사소통을 하는 한 무리의 새들이죠. 5대의 비행기가 하나처럼 움직여요. 하지만 새들은 그렇게 하지 못해요. 항상 낙오하는 새가 있기 마련이죠."

"맞아. 새들은 블루 엔젤스만큼 효율적으로 뭉치지 못해. 하지만 블루 엔젤스의 화려한 비행은 미리 계획된 거야. 그 계획대로 잘할 때까지 몇 번이고 연습하지. 블루 엔젤스가 매처럼 더 빠르고 강력한 적기를 공격한다고 생각해 봐. 그래도 한 덩어리로 움직이면서 매처럼 즉흥적으로 대응하는 능력을 지닌 다른 비행기를 공격할 수 있을까?"

"불가능해요. 아마 충돌해서 불타고 말 거예요."

"혼란이 일어나겠지. 블루 엔젤스는 소통할 수 있고, 언어와 레이더를 활용할 수 있어. 그래도 충분치 않을 거야. 새들은 본능밖에 갖고 있지 않아. 그래도 하나처럼 잘 뭉치지."

"이상하네요. 실수를 바로잡으려면 주도하는 사람이 있는 게 나을 것 같은데요."

에이미는 지난주에 라몬과 함께 보낸 저녁을 떠올렸다. 한 몸처럼 움직이며 춤을 추던 커플들이 생각났다. 누구도 커플의 동선을 지시하지 않았다. 그래도 여자는 남자를 따라 움직였고, 두 사람은 각자 즉흥적으로 몸을 놀렸다. 춤을 주도하는 남자도 2, 3초 후에 어디로 갈지 알 수 없었다. 그런데도 커플들이 충돌하는 일은 없었다. 거기에는 새들이 서로 충돌하지 않고 무리를 지어 날아다니는 것처럼 일종의 질서가 있었다. 무도장에서 춤을 추는 사람들도 질서 있는 혼란 혹은 혼란스런 질서라고 부를 만한 것을 통해 자신들을 관리했다. 이 통제된 방만의 장관으로부터 혜택을 보는 사람이 있을까? 아마 현란하게 몸을 움직이면서도 서로 충돌하지 않는 커플들을 지켜보는 밴드가 혜택을 볼지도 모른다. 화려한 색과 동작의 만화경은 연주에 활기를 더할 것이다. 춤을 추는 사람들도 마찬가지다. 무도장의 혼란은 각 커플에게 미리 동선이나 공간을 확보해주는 것으로는 부족한 어떤 분위기를 창출했다.

에이미는 루스의 목소리를 듣고 다시 현실로 돌아왔다.

"모든 것을 주도하는 누군가가 있으면 새들의 즉흥적인 비행보다 나은 성과를 낼 수 있다고 생각할 거야. 하지만 그 '누군가'는 각 새들이 지닌 모든 지식을 알아야 하고, 그 정보를 처리할 방법을 찾아야 하고, 그 정보를 토대로 계획을 세워야 하고, 그 계획을 모든 참여자에게 신속하게 알려서 다른 것이 변하기 전에 각자 맡은 작업을 할 수 있도록 해야 해. 그 지식이 없으면, 거의 즉시 소통할 수 있는 방법이 없고 새떼는 흩어지고 말아. 새떼는 거기에 속한 가장 영리한 새보다 영리해. 모두가 떨어져 있고 정식으로 소통할 수 있는 방법이 없는데도 무리 안에서 정보를 이용하는 간단한 방법을 찾아냈기 때문이지. 개미 군락도 마찬가지야. 여왕개미나 어떤 것 혹은 누군가가 모든 것을 통제하는 듯 보이지. 가령 먹이를 구할 새로운 곳을 찾으면 거기로 향하는 개미들이 늘어나. 또한 누가 개미집을 밟고 지나가면 수백 마리가 동원돼서 수리를 하지. 어떻게 이런 일들이 일어날까? 여왕개미가 휴대폰으로 명령을 내리는 건 아니잖아. 그러면 도대체 뭘까? 개미들이 행동을 바꾸도록 신호를 보내는 단순한 피드백 체계가 있어야 할 거 아냐."

"왜 단순해야 하죠?" 조시가 물었다.

"개미들의 뇌는 아주 작으니까. 모든 일은 본능에 따라 이뤄져야 해. 이 말은 우리가 속사정을 제대로 모른다는 뜻이지. 개미들은 페로몬이라는 화학물질을 발산하고 자취를 남겨. 페로몬은 군락이 위기나 기회에 대응하도록 해주는 지식망을 만들지. 개별 개미는 큰 그림을 보지 못해도 군락은 영리해. 여분의 흑연이 없을 때도 같은 일이 일어나지."

"하지만 우리는 개미들에게는 없는 컴퓨터나 다른 기술을 활용할 수 있잖아요." 조시가 말했다. "우리는 소통할 수 있어요."

"맞아. 하지만 아무리 크고 빠른 컴퓨터도 이런 문제를 해결하는데 도움을 주지 못해. 네가 흑연 시장의 군주라고 가정해 봐. 너는 자동차 회사들이 갑자기 흑연을 쓰기 시작하는 바람에 물량이 부족할 때 공급을 결정할 수 있어. 흑연이 필요한 모든 사람을 거대한 방에 모은다고 상상해 봐. 자동차 회사, 테니스 라켓 회사, 연필 회사의 관계자들이 모이겠지. 비 오는 밤에 브레이크가 잘 듣기를 바라는 운전자들, 세계적인 테니스 선수와 주말에 취미로 테니스를 즐기는 사람들, 연필이 떨어질까 걱정하는 화가와 초등학생들, 흑연 광부들과 광산 근처에 사는 주민들도 모이겠지. 이 모든 사람들과 내가 언급하지 않은 수백만 명이 흑연을 받을 권리에 대한 발언권을 갖고 있어. 또한 그들은 흑연 시장의 군주, 바로 네가 흑연 부족 문제를 해결할 최선의 방법을 결정할 때 활용할 수 있는 엄청난 양의 지식을 갖고 있어. 흑연 채굴업체는 흑연을 더 많이 캐내는 최선의 방법과 추가 생산에 따른 비용을 알아. 테니스 라켓 제조업체는 나무로 만든 라켓보다 흑연으로 만든 라켓이 얼마나 인기가 좋은지 알아. 연필 제조업체는 흑연에 진흙을 더 섞어서 아껴 쓰는 방법을 알아. 이처럼 전문화와 지식 사이에는 또 다른 연관성이 있어. 흑연을 캐는 사람들은 채굴 방법만 아는 게 아냐. 정말로 필요하다면 더 많은 흑연을 신속하게 캐내는 방법도 알아. 테니스 라켓, 연필, 자동차를 만드는 사람들은 각각의 제품을 만드는 방법만 아는 게 아냐. 여건이 바뀌면 다르게 만드는 방법도 알아. 그밖에 사용자들도 있지. 어떤 사람들은 연필 대신 펜으로도 만족해. 하지만 오늘 20가지 종류의 연필을 원하는 화가도 있어. 올해 테니스가 인기를 끌 수도 있어. 테니스 라켓 제조업체는 생산량을 늘리고 싶어하겠지. 그래서 일부 사용자는 사용량을 전혀 줄일 수 없어. 오히려 사용량을 늘려야 해. 세상에서 가장 크고 빠른 컴퓨터도 흑연 부족 문제로 영향받는 모든 사람들의 머릿속에 있는 정보를 다 처리하지는 못해."

"왜 못하죠?" 조시가 물었다.

"주된 원인은 그 답이 책이나 위키피디아에 있는 게 아니기 때문이야. 그 답은 도표로 만들어서 조작할 수 있는 데이터가 아냐. 바로 경제학자인 하이에크가 말한 '특정한 시간적, 공간적 여건'이지. 그건 우리가 창의성이라고 부르는 미묘한 지식, 즉 더 많은 흑연을 신속하게 캐내는 방법 혹은 그 흑연을 싣기 위해 필요한 추가 트럭을 확보하는 방법에 대한 지식이야. 그 답은 수치나 장소가 아냐. 오늘의 답은 지난달의 답과 다를 수 있어. 어떤 지식은 자동차 제조업체의 늘어난 수요에 대처하는 과정에서 생길 수 있어. 그래서 필요해질 때 답을 파악하게 되지. 이런 지식은 저장할 수 없어."

루스는 학생들이 저장할 수 없는 지식이라는 개념을 생각할 시간을 준 뒤 강의를 계속했다.

"연필과 테니스 라켓을 사고파는 사람들, 흑연 채굴업체를 모두 인터뷰해서 질문에 대한 답을 얻고, 그들이 사실을 말한다고 해도 여전히 그들 사이에 상충하는 욕구를 감안해야 해. 가령 12자루가 아니라 6자루의 연필밖에 갖지 못하는 데 따른 불만이 새로운 테니스팬이 흑연 라켓을 구하는 데서 얻는 만족보다 더 중요할까? 그리고 마침내 귀한 흑연을 분배하는 방법, 추가로 채굴하는 방법을 알아낸다고 해도 세상에 생긴 다른 변화가 계획을 무산시킬 수 있어.

가령 어딘가에서 흑연 광산이 무너지거나 중국에서 수억 명이 농촌에서 도시로 이주하여 아이들을 처음 학교로 보내면서 연필이 필요해질 수 있지.”

“그러면 가망이 없네요.” 조시가 말했다. “방법이 없어요.”

“방법이 없지만 그래도 문제가 해결돼.” 루스는 말했다. “이상하지 않아? 누구도 문제에 대한 답을 몰라. 그런데도 답이 구해져. 수억 명의 중국인이 농촌에서 도시로 이주했어. 그만큼 연필에 대한 수요가 늘어났지. 하지만 그 변화를 느낀 적이 있어? 서점에 갔는데 죄송하지만 연필이 전부 중국으로 팔렸다는 말을 들은 적이 있어? 자동차 회사들은 흑연을 브레이크 라이닝에 써. 테니스 라켓을 사러 갔는데 자동차 회사들이 흑연을 쓰기 시작해서 사지 못한 적이 있어?”

“아뇨.” 조시가 말했다.

“그러면 누구도 통솔하지 않는데 어떻게 질서가 유지될까? 인류 역사상 최대 규모의 이주로 수많은 중국인이 농촌에서 도시로 옮겨 가는 과정이 어떻게 그토록 조용하게 진행되었을까? 왜 우리가 그 변화를 느끼지 못했을까? 물건을 놓아두는 선반이 수없이 비워졌어야 하지 않을까? 결국 흑연 시장의 군주나 연필 시장의 군주는 없어. 도시로 옮긴 중국인들이 전 세계의 자전거를 모조리 사들이지 못하게 막을 자전거 시장의 군주도 없어. 누구도 통솔하지 않아.”

루스는 강의실을 둘러보았다. 학생들은 말없이 그녀가 강의를 계속하기를 기다렸다.

"가격이야." 루스는 말을 이어나갔다. "가격이 핵심이야. 간단한 답은 자동차 회사들 때문에 흑연 수요가 급증하면 흑연 가격이 올라가서 다른 사용자들이 사용량을 줄이게 된다는 거야. 모두가 25퍼센트씩 사용량을 줄여야 한다는 칙령은 없어. 가격 인상 때문에 일부 사용자가 흑연을 아예 쓰지 않고 그만큼 좋은 다른 대체재를 쓰게 되지. 다른 사용자는 사용량을 줄일 방법을 찾을 거야. 그리고 삶의 다른 영역에서 다른 일이 일어나서 오히려 흑연을 더 많이 쓰는 사람들도 있을 거야. 가령 테니스가 인기를 끌거나 중국인들이 도시로 이주하는 게 그런 경우지. 흑연 가격이 오르면 흑연 채굴업체는 이전에는 찾을 가치가 없었던 다른 광맥을 찾게 돼. 하지만 전체적인 양상은 이보다 훨씬 대단해. 흑연 채굴업체가 새로운 광맥을 쉽게 찾을 수 있다면 가격이 크게 오르지 않을 거야. 그래서 기존 사용자들은 사용량을 크게 줄이지 않겠지. 또한 기존 사용자들이 대체재를 찾는 게 정말 어렵다면 가격이 더 오를 거야. 그래서 흑연 납품업체는 가격을 더 올리려 할 것이고, 자동차 제조업체는 처음에 요구한 물량보다 적게 쓸 수 있을지 알아보겠지. 이런 것들은 상상할 수 있는 모든 지식을 가진 흑연 시장의 군주가 있다면 이뤄지기를 바라는 바로 그 일들이야. 하지만 흑연 시장의 군주는 그렇게 하지 못해! 흑연 시장의 군주 없이 어떻게 이런 일들이 이뤄질까?"

이는 수사적인 질문이었다. 루스는 잠시 학생들이 질문을 이해할 시간을 주었다.

"가격은 경제 전반에 걸쳐 자원이 투입될 방향을 유도해." 루스는 말을 이어나갔다. "생산자와 소비자가 대단히 질서정연한 방식으로 변화를 극복하도록 만들지. 가격이 오르거나 내리면 구매자와 판매자는 하향식으로는 불가능한 방식에 따라 각자의 행동을 조율해. 한 사람이 경제 전반을 파악할 수는 없어. 하지만 가격 변동은 구매자와 판매자가 경제 전반에 퍼져 있는 지식을 활용하여 결정을 내리게 만들어. 그 결과를 봐. 누구도 흑연을 두고 다투지 않아. 모두가 어울려서 살아가. 가격은 우리가 경제라고 부르는 인간 군락의 페로몬, 모든 것을 한데 엮어내는 신호, 보이지 않는 손의 힘줄이야. 가격이 이뤄내는 조화와 암묵적 협력은 상상할 수 없을 정도야. 정말로!"

"그러면 흑연 생산업체가 충분한 물량이 유통되도록 가격을 정하는 거네요." 안드레아가 말했다.

"아냐. 정말 대단한 게 뭐냐면," 루스는 말했다. "흑연 생산업체는 그냥 최대한 많은 돈을 벌려고 애쓸 뿐이라는 거야. 그들은 충분한 물량이 유통되도록 가격을 정하는 데 필요한 지식을 갖고 있지 않아. 누구도 그런 지식을 갖고 있지 않아."

"그러면 어떻게 문제를 해결해요?" 안드레아가 물었다. "가격이 적절한 일들이 일어나도록 만드는 데 필요한 지식을 활용한다고 말씀하셨잖아요? 하지만 가격을 정하는 건 당연히 흑연 생산업체예요. 교수님이 말씀하신 일을 가격이 한다면 흑연 생산업체가 그렇게 만드는 거잖아요?"

루스가 생각을 정리하는 동안 정적이 깊어졌다. 학생들은 기다렸다. 루스는 이제부터 다른 내용이 전개된다는 사실을 알리기 위해 조금 더 침묵을 이어갔다.

"지금 바깥 날씨가 영하로 아주 춥고 너희들의 방은 아늑하고 따뜻하다고 가정해 봐. 그런데 갈수록 실내 온도가 올라가. 그러면 원인이 뭐라고 생각할까?"

"룸메이트가 온도를 올렸겠죠." 에릭이 말했다.

"맞아. 간단한 문제지. 누가 설정 온도를 바꾼 거야. 누군가가 실내 온도를 더 올리고 싶어했고, 그 '누군가'는 그런 일이 일어나게 만들었어. 의도에 따라 행동한 거지. 실내 온도를 다시 적당한 수준으로 돌리는 일도 아주 쉬워. 어떻게 하면 될까?"

"설정 온도를 낮추면 돼요." 에릭이 대답했다. "맞아." 루스가 말했다. "이제 너희들이 산책을 나갔는데 비가 내리기 시작했다고 가정해 봐. 비가 내려야 한다고 결정한 건 뭐지? 자연이라고 생각하겠지. 아니면 신이거나. 비를 내리게 만든 사람은 없어. 집까지 가려면 아직도 많이 걸어야 하는데 비가 거세게 내리면 우산을 가져오거나 비옷을 입지 않은 걸 후회하겠지. 하지만 룸메이트나 다른 사람을 탓하지는 않아. 누구도 비를 통제하지 않아. 비는 자연현상이야. 혹은 너희들이 더운 날에 두꺼운 운동복을 입고 조깅을 한다고 가정해 봐. 땀이 많이 나겠지. 이런 상황에서 땀을 흘리는 건 통제할 수 없는 일이야. 우리 몸이 그렇게 만들어져 있어."

루스는 말을 멈추고 강의실을 둘러봤다. 학생들은 방금 그녀가 한 말이 흡연 가격이나 경제학과 무슨 상관이 있는지 궁금하다는 표정을 짓고 있었다.

루스는 말을 이어나갔다.

"삶의 어떤 것들은 행동과 계획 내지 설계, 혹은 의도의 산물이야. 우리가 겪는 다른 일들은 행동이나 설계 혹은 계획과 아무 관계가 없지. 신이 설계했든 그냥 자연의 일부든 세계의 구조에 내재되어 있어. 명백히 인간이 취하는 행동의 일부는 아냐. 우리를 둘러싼 세상은 인위적인 것과 자연적인 것이라는 두 개의 질서로 쉽게 나눌 수 있어. 하지만 이 두 개가 혼합된 범주도 있어. 인간이 취하는 행동의 결과이지만 의도하지는 않은 일련의 일들이지. 그 명백한 사례가 언어야. 언어는 살아 있어. 누가 '나중에 인터넷에 접속하면 그녀의 이름을 구글할게' 같은 말을 해도 된다고 결정했을까? 누가 구글을 동사로 만들었을까? 제록스는 또 어때? 제록스라는 회사는 사람들이 제록스를 동사로 쓰지 못하게 막으려 했어. 하지만 주말을 가리키는 말로 'le weekend' 대신 'fin de semaine'을 쓰도록 만드는 데 실패한 프랑스 정부처럼 실패하고 말았지. 'cannot' 대신 'can't'를 쓸 수 있다고 누가 결정했지?"

"누가 결정한 건 아니죠." 에이미가 말했다.

"맞아. 언어는 하늘에서 내리는 양식이나 비가 아냐. 높은 곳에서 떨어지는 게 아냐. 자연계에 속한 것도 아냐. 명백히 인간들이 취하는 행동의 결과지. 그렇다고 해서 설계의 산물인 것은 아냐. 누구도 영어의 변화를 계획하지 않아. 누가 실내 온도를 올리거나 내리려고 의도하는 것처럼 영어가 특정한 형태를 가지도록 의도할 수 없어. 그런 조작을 할 수 있는 다이얼은 없어. 시도는 하지. 소위 언어 전문가나 관련 기관은 사람들이 말하는 방식에 영향을 미치려고 해. 하지만 어떤 전문가나 위원회도 사람들이 말하는 방식을 정하지 못해. 우리가 말하는 방식은 서로가 나누는 수많은 대화를 통해 형성되는 거야. 언어는 땅에서 자라지는 않지만 유기적이야. 살아 있고, 진화해. 널리 쓰이는 단어가 있고 그렇지 않은 단어가 있어. 그렇다고 해서 무작위로 결정되는 건 아냐. 새로운 언어의 부상은 유용성에 달려 있어. 더 이상 유용하지 않은 단어는 사멸하지. 이제는 'behoove(마땅하다)'나 'eleemosynary(자선적인)'라는 말을 쓰는 사람이 거의 없어. 이 단어들은 사멸하고 있지만 누구도 죽이지 않았어. '우리'가 죽였지. 사실 이 말도 우리가 결정을 내렸다는 것처럼 들려. 하지만 결정된 게 아냐. '결정되다'는 말은 의도와 숙고를 가정하지."

루스는 여기서 말을 멈추고 학생들이 강의 내용을 흡수할 시간을 주었다. 그녀가 말하는 내용은 타당했다. 다만 학생들은 그녀가 어떻게 모든 내용을 한데 엮을지 기다리고 있었다.

"지금이 토요일 늦은 오후라고 가정해 봐." 루스는 말을 이어나 갔다. "5시나 6시 무렵이고, 너희들은 저녁을 먹으러 차를 몰고 시내로 가려 해. 시간이 얼마나 걸릴까?"

"45분 정도요."

"같은 시간대라면 화요일 저녁은 어떨까?"

"더 오래 걸려요."

"교통량에는 어떤 질서 내지 예측성이 있어. 화요일 오후 6시에는 토요일보다 시간이 오래 걸려. 베이 에이리어는 베이커스필드보다 차가 많아. 그래서 누군가가 교통 상황을 조정하는 것처럼 생각하기 쉬워. 화요일 저녁에는 토요일보다 시간이 오래 걸려야 한다고 누가 결정했을까? 베이 에이리어에서 60킬로미터를 이동하려면 베이커스필드보다 오래 걸려야 한다고 누가 결정했을까? 특정한 시간과 장소에 더 많은 사람들에게 운전하라고 연락한 사람이 누굴까? 조시?"

"그런 사람은 없어요."

"맞아. 그렇다면 화요일 오후 6시에 토요일보다 훨씬 많은 차가 도로에 나온 것은 누구의 잘못일까? 당연히 누구의 잘못도 아냐. 신이나 자연이 그렇게 만든 것도 아냐. 명백히 우리가 결정을 내려서 취한 행동에 따른 결과지만 누구도 조종하지 않았어. 붐비는 도로에서 시속 25킬로미터로 달릴 때 우리는 분명히 운전을 하고 있어. 하지만 당연히 시속 25킬로미터로 달릴 의도는 없지. 그렇다면 왜 그렇게 느리게 달릴까? 왜 더 빨리 달릴 수 없을까? 우리는 그게 다른 운전자들 때문임을 알아. 화성인은 매일 통근시간에 자동차 퍼레이드가 예정되어 있어서 모두가 천천히 차를 몬다고 생각할지도 몰라. 하지만 우리는 그렇지 않다는 걸 알지. 우리는 누구도 통근시간에 정체가 일어나도록 계획하거나 의도하지 않는다는 걸 알아. 그래도 교통량을 조절하는 다이얼이나 온도계 같은 게 없다는 사실을 깨닫는 데 애를 먹어. 그런 게 있기를 바라지. 그런 게 있기를 기대하지.”

“어떤 운전자도 혼자서 교통량을 바꾸지는 못해요. 하지만 사회 전체는 가능해요. 우리는 개미보다 영리해요. 현재 상황을 그대로 받아들일 필요는 없어요. 개선할 수 있어요.”

조시가 중간에 끼어들어도 될지 루스의 표정을 살피며 말했다.

“그게 가능할까? 어떻게 하면 되는데?”

“도로를 넓힐 수 있어요. 아니면 대중교통에 돈을 쓰면 되죠.” 조시가 대답했다.

“샌프란시스코는 둘 다 시도했어. 101번 도로는 이전보다 넓어졌어. 철도망도 확충되었지. 그래서 효과가 있었어? 화요일 저녁에 차로 이동하는 시간이 줄었어? 도로가 더 좁고 대중교통수단도 더 적은 베이커스필드보다 샌프란시스코가 교통량이 더 적어?”

“아뇨. 그래도 도움은 되지 않았을까요?”

“한동안은 그랬겠지. 하지만 궁극적으로는 문제가 사라지지 않앉어. 도로를 넓히고 대중교통수단을 제공하는 것으로는 근본적인 원인에 도달할 수 없거든. 근본적인 원인은 수많은 사람들이 여기서 살고 싶어한다는 거야. 날씨가 좋고 땅이 아름다우니까. 도로를 넓히는 건 사람들이 여기 와서 사는 걸 쉽게 만들어줄 뿐이야. 좋아. 시간이 거의 다 됐지만 거의 핵심적인 부분에 이르렀어. 너희들이 집을 갖고 있는데 팔고 싶다고 가정해 봐. 너희들이 집값을 정할 수 있을까?"

누구도 선뜻 대답하려 들지 않았다. 주인이 집값을 정하는 게 당연해 보였지만 틀린 답일 게 분명했다. 강의실은 계속 조용했다.

"그럼 팰로앨토에 있는 내 집을 예로 들어보자. 알다시피 나는 곧 은퇴해. 계산기를 두드려 보니까 지금까지 생활하던 방식을 유지하려면 200만 달러에 집을 팔아야 해. 어때? 적당한 가격일까? 저스틴?"

"모르겠습니다, 교수님. 교수님 집을 본 적이 없어요. 안에 들어간 적도 없고요. 그래서 가격이 적당할 수도 있고, 아닐 수도 있어요."

"그걸 어떻게 판단하지?"

"집의 크기나 마당, 동네를 살펴볼 겁니다."

"그걸 다 확인했는데 비슷한 집이 80만 달러에 팔린다면 어떨까? 내가 우리 집을 200만 달러에 팔 수 있을까?"

"아마 힘들 겁니다."

"아마 힘들 거라고? 과감하게 생각을 말해. 한 번 도전해 봐."

"알겠습니다. 비슷한 집을 80만 달러에 살 수 있다면 200만 달러를 지불할 사람은 없을 겁니다."

"왜?"

"더 적은 돈에 대체재를 구할 수 있는데 200만 달러나 주는 건 멍청한 짓이니까요."

"그렇군!" 루스는 잔뜩 흥분한 목소리로 외쳤다. "그럼 누가 가격을 정하지? 물론 나는 마음대로 내가 원하는 금액을 제시할 수 있어. 100만 달러든, 200만 달러든 마음대로 제시할 수 있지. 같은 맥락에서 누가 내 집의 특이한 점에 매료되기를 바라며 2,000만 달러를 제시할 수도 있어. 하지만 집을 팔려면 크기, 상태, 동네 같은 측면에서 비슷한 집의 가격과 맞춰야 해. 80만 달러 정도로 말이야."

"그럼 누가 가격을 정해요?" 저스틴이 물었다.

"누구도 정하지 않아. 가격은 비슷한 집을 사고파는 모든 사람들의 상호작용에서 형성돼. 언어나 화요일 저녁에 차를 몰고 가는 데 걸리는 시간처럼 말이야. 집값은 해당 품질, 입지, 크기 등을 지닌 집을 사려는 사람의 수가 공급량과 대략 비슷해지도록 조절돼. 신기한 점은 이거야. 어떤 구매자나 판매자도 주택 시장의 질서를 확립하려는 의도가 없어. 각 구매자와 판매자는 그저 가장 좋은 조건을 추구할 뿐이야. 하지만 그 결과는 누구도 의도치 않은 질서지. 그리고 그 질서의 결과는 우리가 매물로 나온 집이 있을 것임을 알고 새크라멘토나 샌프란시스코 혹은 소살리토로 이사할 계획을 세울 수 있다는 거야. 부동산 시장의 군주는 없어. 누구도 모든 시장에서 충분한 집이 공급되도록 보장할 수 없어. 언제나 어떤 도시로 이사 오거나 다른 곳으로 이사 가는 사람들이 있으니까. 하지만 수급이 맞지 않으면 가격이 조절돼. 즉 오르거나 내려서 사람들에게 계획을 세울 자유를 주지. 팰로앨토와 디모인 중에서 어디가 집값이 더 비싸?"

"팰로앨토요." 저스틴이 쉬운 득점을 올린 데 기뻐하며 재빨리 대답했다.

"네가 두 직장 중에서 하나를 결정한다고 가정해 봐. 둘 다 전망이 좋은 곳인데 하나는 팰로앨토에, 다른 하나는 디모인에 있어. 디모인에 가보니 마음에 드는 집이 15만 달러 정도야. 그 다음에 팰로앨토에 갔는데 내 집이 80만 달러에 나와 있어. 너는 그렇게 비싼 값을 부른다고 나한테 화를 내야 할까? 그게 내 잘못일까? 누구의 잘못일까? 누가 가격을 정할까? 나는 통근시간에 101번 도로를 달리는 속도를 좌우할 수 없듯이 내 집의 가격도 좌우할 수 없어. 우리는 통근시간에 속은 게 아냐. 발로 가속 페달을 조작할 수는 있지만 통근시간에 속도를 시속 25킬로미터밖에 내지 못하는 건 선택의 문제가 아냐. 집값으로 80만 달러를 부르는 건 판매자가 선택할 수 있는 게 아냐. 누구도 가격을 정하지 않아. 저절로 형성되는 거지."

루스는 자리에서 일어나 서성이기 시작했다.

"언어," 그녀는 말을 이어나갔다. "시내로 가는 데 걸리는 시간,

집값, 흑연 가격, 연필 가격. 이것들은 우리의 행동으로 초래되지만 어떤 의도를 따르는 것은 아냐. 우리가 알지 못하는 사이에 엮는 직물 같은 거지. 거기에는 누구도 의도치 않은 질서가 있어. 그 질서는 우리가 취하는 행동의 결과이지만 기획의 결과가 아닌 창발 현상(emergent phenomenon, 돌발적으로 출현하는 현상 – 옮긴이)이야. 창발 현상의 결과가 가격이라면, 가격을 초래하는 현상을 시장이라고 부르지. 단어가 좀 어렵지만 명칭을 내가 정하는 건 아니니까. 그럴 수 있다면 좋겠지만." 루스는 거의 혼잣말처럼 이야기했다. "가격은 질서를 형성해. 가령 물량을 늘리거나 줄이라고 공급자에게 신호를 보내지. 이는 구매자에게 계획과 희망을 바꿀 여지를 줘. 사람들이 운동을 더 하고 싶어한다고? 그러면 새로운 운동화, 운동복, 운동 장비가 갑자기 생겨나. 이 신제품들은 운동 시장의 군주가 시행한 조사의 결과로 만들어진 게 아냐. 그냥 매장에 나타난 거야. 아주 빠르게. 사람들이 건강에 신경 쓰기 시작한 지 10년이 지나서 나타난 게 아냐. 하지만 거의 명령에 따라 나타난 것처럼 보이지. 그런 명령은 없었어. 사령관이 없으니까. 자원, 인력, 에너지가 이런 신제품으로 몰리면 다른 경제 부문에서 갑자기 물량이 부족해질 것 같잖아. 하지만 그런 일은 없어. 우리가 가진 온갖 계획과 희망이 어떻게든 단절 없이 한데 엮여. 거의 마법 같지."

루스는 창가로 가서 바깥을 내다보았다. 잠시 생각에 잠긴 그녀는 경제학을 오랫동안 가르쳤는데도 이 마법을 진정으로 이해하기까지 아주 오랜 시간이 걸렸다는 것을 깨달았다.

"사람들은 경제학이 그냥 상식이라고 생각해. 실제로 그런 면도 있어." 그녀는 말을 이어나갔다. "하지만 경제학자들이 시장이라고 부르는 것, 가격이 형성되고 변하는 삶의 여건, 새로운 것이 발견됨에 따라 변하는 취향, 욕구, 창의성에 대응하는 현상을 이해하는 것은 상식이 아냐. 정말로 깊이 있는 이해지. 누구도 통제하지 않는 가운데 계획이나 설계 없이 질서가 이루지는 과정을 이해하는 법을 배우는 것이 이 강의의 초점이야. 그리고 그 과정의 모든 결과, 즉 그에 따른 전문화나 전문화에 따라 형성되고 활용되는 지식 그리고 규제로 통제하려 할 때 그 과정이 대응하는 양상도 이해해야 해."

조시가 손을 들었다.

"매장에 항상 연필이 있는 건 좋은 일이죠." 그는 말을 시작했다. "하지만 연필보다 중요한 것들이 있어요. 음식, 건강, 주거 같은 기본적인 것들요. 교수님이 말씀하신 대로 가격이 저절로 형성되도록 놔두면 모든 것이 가장 높은 가격을 치르는 사람에게 가요. 그건 공정하지 않아요. 부유한 사람들은 좋은 걸 갖고 가난한 사람들은 남은 걸 갖잖아요. 빅박스 시위에 참가하는 게 중요한 이유가 거기에 있어요. 그들이 사람들의 어려운 상황을 이용하도록 놔두면 안 돼요. 지진이 일어난 후에 가격을 올리는 게 잘못됐다는 건 당연히 동의하시죠? 교수님도 시위에 참가하실 거죠?"

루스는 조시가 자신을 놀리고 있다는 사실을 알았다. 그녀는 그런 학생이 있다는 게 좋았다. 조시 같은 학생이 없는 강의는 고춧가루가 빠진 칠리소스 같았다. 또한 그녀는 에이미의 얼굴이 붉어진 걸 보았다. 그녀는 이유가 궁금했다.

"지금 조시가 한 말은 가격이 자원을 배분하고 사람들이 지식을 활용하도록 해주는 것 이상의 역할을 한다는 거야. 가격은 행복에도 영향을 미치지. 실제로 팰로앨토에서 집을 사고 싶어하는 사람은 누구나 매물을 찾을 수 있어. 다만 피오리아보다 훨씬 비쌀 뿐이지. 허리케인이 발생한 후에 오른 가격은 원하는 사람들이 우유를 살 수 있게 해줘. 하지만 가난하다면 어떻게 될까? 형편이 안 되면 무슨 자유가 있을까? 이런 말이지?"

"네."

"하이에크는 '경제학의 흥미로운 과제는 사람들이 설계할 수 있다고 생각하는 것에 대해 실은 아는 것이 얼마나 적은지 증명하는 것'이라고 말했어." 루스는 말했다.

"죄송합니다만," 조시가 말했다. "무슨 뜻이죠?"

"이번 시위를 벌이려는 사람들은 허리케인이 발생한 후에 어떤 물건, 가령 우유의 가격을 바꿔도 나머지 모든 것을 그대로 유지할 수 있다고 생각해. '짠!' 하고 더 싼 우유가 생기는 거지. 더 나은 세상이 되는 거야. 누가 더 싼 우유를 마다할까? 하지만 세상은 그렇게 단순하지 않아. 이야기를 하나 해줄게. 내 딸 사라와 사위 앨런은 세인트루이스에 살아. 몇 년 전에 사라가 첫 아이를 임신했어.

앨런은 출산에 대해 걱정이 조금 많았어. 사실은 아주 많았지. 아이가 건강할지, 사라가 괜찮을지 내내 걱정했어. 가장 큰 걱정은 병원까지 가는 것이었어. 차에서 아이가 나오는 건 아닌지, 가는 길에 지진이나 토네이도 혹은 눈폭풍 같은 게 발생하는 건 아닌지 겁을 냈어. 출산 예정일이 6월이었는데도 말이야. 심지어 토네이도가 덮치는 도중에 눈폭풍이 부는 건 아닌지 겁을 내기도 했어. 그것도 통근시간에 말이야. 얼마나 걱정했던지 차에서 아이가 나오면 어떻게 해야 하는지 의사한테 조언을 구하기도 했다니까."

두어 명의 학생들이 키득거렸다.

"나도 웃겨." 루스는 말을 이어나갔다. "하지만 아주 좋은 남편이지. 어쨌든 사라는 한밤중에, 새벽 두세 시에 엄청난 산통을 느끼며 깨어났어. 확실했어. 의심의 여지가 없었지. 1, 2분 만에 사라와 앨런은 계단을 급히 내려가서 차에 올라탔어. 바로 차에 시동이 걸렸고, 엔진소리와 거의 동시에 앨런이 욕을 하기 시작했어. '왜 그래?' 사라가 소리쳤어. 앨런이 욕을 한 적이 없었기 때문에 놀란 거야. 완전히 당황했지."

루스는 창밖을 내다보며 그날 밤을 떠올렸다.

"휘발유가 거의 떨어진 상태였어. 바늘이 바닥에 있었어. 실은 바닥보다 더 내려가 있었지. 사라는 울음을 터트렸어. 앨런은 몇 마디 더 욕을 내뱉었어. 이제 어떻게 해야 할까? 25킬로미터 떨어진 병원까지 가려면 20분 정도가 걸려. 무사히 도착할 수 있을까? 두 사람은 모험을 하지 않기로 했어. 그래서 급히 가까운 24시간 주유소로 가서 휘발유를 1갤런 채운 다음 병원으로 향했지. 병원에 도착한 지 겨우 10시간 후에," 루스는 말을 멈추고 미소를 지었다. "예쁜 여자아이가 태어났어. 자기가 그날 밤 앨런의 입장이었다고 생각해 봐. 아내의 산통이 시작됐어. 마음이 급하지만 정신을 차리려고 애쓰면서 차로 달려갔어. 그런데 연료계를 보니 휘발유가 거의 다 떨어졌어. 수만 가지 생각이 머릿속을 스쳐가. 병원까지 거리가 얼마나 되지? 몇 킬로미터나 될까? 휘발유를 몇 갤런이나 넣어야 하지? 어느 주유소로 가야 할까? 이 시간에 거기까지 가는 가장 빠른 길은 뭐지? 병원까지 곧바로 갈 거니까 가장 가까운 데로 가야 할까? 수만 가지 생각이 나. 하지만 한 가지 의문은 생기지 않아. 그게 이 이야기에 가치를 부여해. 온갖 생각들이 떠오르는 가운데 한순간이라도 걱정하지 않는 건 주유소에 휘발유가 다 떨어졌을지도 모른다는 거야."

"휘발유가 왜 다 떨어져요?" 조시가 물었다. "그런 일은 일어난 적이 없어요."

루스는 아무 말도 하지 않았다. 그녀는 창가로 가서 조시가 한 말을 잠시 생각했다.

"그게 나의 요점이야." 그녀가 마침내 말했다. "사람들은 휘발유가 부족할까 봐 걱정하느라 잠을 설치지 않아. 누군가는 유전에서 기름을 뽑아내서 유조선으로 옮기고, 정제하고, 트럭에 실어서 전국으로 보내. 주유소를 운영하는 사람은 휘발유가 절대 떨어지는 일이 없도록 하지. 절대로. 또한 누군가는 새벽 3시에 24시간 주유소에서 일하기 위해 출근해. 그것도 걱정할 필요가 없어. 이렇게 긴 우연의 사슬이 이익 추구라는 것으로 한데 연결되어 있어. 이런 방식은 대단히 잘 통해. 하지만 휘발유 시장에는 마음에 들지 않는 구석도 있겠지. 휘발유를 사고파는 건 집을 사고파는 것과 전혀 다르다고 생각할 수도 있어. 소수의 대형 참여자들이 시장을 지배하고 있으니까. 그래도 아무런 영향 없이 휘발유 가격을 내리도록 해주는 다이얼은 없어. 너희들은 대부분 나이가 몇 살이지? 20살이나 21살이지?"

학생들은 고개를 끄덕였다.

"1973년이나 1978년에는 아직 태어나지 않았겠네. 1970년대의 석유파동을 겪어보지 못한 거야. 그때 석유수출국기구(OPEC)가 감산에 들어가면서 유가가 치솟았어. 정부는 휘발유 가격에 상한선을 정했어. 특정 가격보다 비싸게 팔지 못하도록 금지한 거지. 가격 상한선은 유통업자들이 휘발유를 팔 동기를 약화시켰고, 인위적으로 낮춰진 가격은 사람들이 구매하려는 휘발유의 양을 늘렸어. 그래서 주유소에 가도 '휘발유가 다 떨어졌습니다. 내일 다시 오세요' 라는 안내문이 붙어 있는 경우가 있었어. 그런 상황을 상상할 수 있겠어? 아마 못할 거야. 하지만 그때는 새벽 3시에 급하게 병원에 가야 하는데 차에 휘발유가 부족하면 방법이 없었어. 그래서 주유소에 휘발유가 없을지 모른다는 걱정이 가장 먼저 들었어. 그때는 휘발유 시장의 군주가 있었어. 바로 석유파동을 해결해야 하는 정부 관료였지. 1970년대는 내 평생에서 휘발유를 사고 싶어도 살 수 없었던 유일한 시기야. 몇 년 전에 허리케인 카트리나가 미국을 강타해서 여러 정유소를 파괴하고, 검찰이 바가지요금으로부터 국민을 보호하려고 시도하기 전까지는 말이야. 그들은 휘발유 가격을 '너무 많이' 올리는 업자에게 벌금을 물렸어. 그래서 시장이 부담할 수 있는 가격을 물리는 게 위험해졌지."

"하지만 그건 국민을 위한 거잖아요. 정부가 당연히 해야 하는 일이죠." 조시가 반박했다. "전에 지진이 일어났을 때도 그렇게 했어야 해요. 그러면 생필품 가격이 내려갔을 거예요."

"그럴지도 모르지. 허리케인 카트리나 사태 이후 주유소에 휘발유가 다 떨어져 버렸어. 부시 대통령은 필요치 않으면 휘발유를 사지 말라고 국민에게 호소했지. 하지만 호소는 가격이 올라서 사람들이 차를 덜 몰고 휘발유를 덜 쓰는 것보다 효과가 약해. 독감 백신이 부족할 때도 같은 난리가 났지. 그때도 국민을 위하는 검찰이 업체들에게 '바가지'를 씌우면 벌금을 물리겠다고 위협했어. 그래서 백신 가격이 낮게 유지되었지. 가격을 인위적으로 낮추면 항상 그렇듯이 사람들이 길게 줄을 섰어. 이번에도 대통령이 독감에 걸릴 위험이 낮은 사람들은 백신을 맞지 말라고 호소했어. 물론 비교적 건강한 사람들은 대통령의 호소를 따랐지만 그 수가 충분치 않았어. 여전히 긴 줄이 생겼지. 노인들은 5시간, 6시간, 7시간씩 기다렸어. 어떤 사람들은 쓰러져서 입원해야 했지. 79세 할머니가 쓰러지면서 머리를 다치는 바람에 사망하는 일도 있었어. 사람이 죽었다고!"

계속 서성거리던 루스는 발걸음을 멈추고 학생들을 바라보았다.

"결론은 이거야." 그녀는 말을 이어나갔다. "가격은 많은 일을 해. 가격이 바뀌면 물량 부족 문제가 해결돼. 가격은 환경 변화를 극복하기 위해 지식을 체계화해. 가격은 구매자에게서 판매자에게로 돈을 이전시켜. 이 마지막 기능은 가장 쉽게 확인할 수 있어. 하지만 우리는 대개 거기에 별로 만족하지 않아. 구매자가 수월하게 물건을 살 수 있도록 다이얼로 조절하는 일종의 온도조절장치처럼 가격을 다루면 불가피하게 가격의 다른 기능과 충돌하게 돼. 공짜 점심은 없다는 사실을 기억해. 가격을 통제하면 질서가 무너져. 가격이 관리자 없이 조율하는 지식과 자원의 흐름이 끊어지고 거기서 얻는 혜택을 잃게 돼. 그리고 나중에 확인하겠지만 가격 통제로 돕고자 하는 구매자마저 오히려 피해를 입어."

조시가 반박하려 하자 루스가 손을 들어 제지했다.

"조시, 시위에 참가해야 한다는 말은 옳아." 루스는 말했다. "여기 있는 사람 모두가 시위에 참가해야 해. 의무야. 시위에 참가한 후 각자 거기서 보고 들은 내용을 경제학적 관점에서 분석한 리포트를 내. 시간이 다 됐네. 그럼 다음 강의 때 보자."

chapter 5
정원사의 입장

라몬이 5살 때 셸리아가 처음 야구 글러브를 사준다. 라몬이 1년 동안 사달라고 보채던 것이었다. 돈이 문제가 아니었다. 셸리아는 최고 선수의 아들로서 라몬이 감수해야 할 부담이 걱정스러웠다. 라몬은 오후 내내 그리고 여름방학 내내 동네 가장자리에 있는 작은 야구장에서 몇 시간이고 야구를 한다. 그는 아버지처럼 나이가 더 많은 아이들과 같이 야구를 하면서도 자기 몫을 해낸다. 대다수 다른 아이들도 라몬처럼 쿠비에서 태어나고 마이애미에서 자랐다. 그들은 모두 라몬의 아버지에 대해 알고, 그를 야구의 수호성인처럼 이야기한다.

어느 날, 야구장에서 집으로 돌아오던 라몬은 테니스 코치가 아이들을 가르치는 모습을 본다. 그는 걸음을 멈추고 계속 지켜본다. 그는 8살이지만 10살, 11살처럼 보인다. 레슨이 끝난 후 라몬은 코치가 테니스장에 흩어진 공을 줍는 일을 도와준 후 라켓으로 공을 몇 번 쳐봐도 되는지 묻는다. 지역 프로선수인 코치는 흔쾌히 허락한다. 다음날, 라몬은 다시 테니스장에 와서 같은 부탁을 한다. 두 사람은 곧 암묵적 계약을 맺는다. 라몬은 매일 코치를 도와주고 코치는 공짜로 테니스를 가르쳐준다.

루스는 77년 졸업반으로서 빅박스의 대표인 밥 바크먼(Bob Bachman)으로부터 전화가 왔을 때 별로 놀라지 않았다. 그는 자신이 통제할 수 없는 일이라 해도 모든 것을 통제하고 싶어했다. 그런 그가 시위 참여를 통제할 수 있으리라 생각한 루스에게 전화를 거는 것은 당연했다. 비록 루스는 자신이 통제할 수 없다는 사실을 알았지만 말이다.

"루스 교수님? 밥입니다." 성은 말하지 않았다. 그는 대뜸 밥이라고만 밝혔다. 하지만 그럴 만도 했다. 루스는 그가 누구인지 알았다.

"안녕하세요! 반가워요. 어떻게 지내세요?"

"어제만큼 좋진 않아요. 베이 에이리어에서 문제가 좀 생겼는데 하필 제가 가장 좋아하는 캠퍼스 쪽으로 번지고 있네요. 교수님이 운영하시는 곳이요."

많은 사람들은 루스가 실질적으로 스탠퍼드를 운영하며, 총장은 후원금을 모으는 일만 한다고 생각했다. 그녀는 대학을 운영하는 게 어떠냐는 질문을 받을 때마다 그냥 웃으며 고양이 무리를 이끄는 것 같다고 대답했다. 혹은 보다 성찰적인 기분이 들 때는 교무처장 자리를 열대우림을 관리하는 정원사에 비유했다. 열대우림을 다듬는 일은 불가능하다. 여기저기 나무를 심고 가지를 칠 수는 있지만 열대우림을 운영할 수는 없다. 나라나 대학도 운영할 수 없다.

영향을 미치거나, 특정한 방향으로 유도하거나, 흔적을 남길 수는 있다. 그러나 마음먹은 대로 움직일 수는 없다.

하지만 교무처장은 스탠퍼드 사람들의 생활을 관장하는 CEO 같은 존재가 아닐까? 루스가 스탠퍼드를 통솔하는 것 아닐까? 루스는 교무처장이 교수와 학생 조직, 동문을 상대하고 교내 정치에 대응해야 한다고 설명하려 애썼다. 그것은 통제할 수 없는 혼돈이었다. 또한 루스는 회사의 CEO도 직원을 마음대로 다루지는 못한다는 사실을 알았다. 모든 영역에서 리더십을 얻으려면 동기와 권한을 부여하고 때로는 원하는 것을 포기해야 한다.

루스는 좋은 분위기로 통화하기 위해 바크먼이 실제로 맞은편에 앉아 있는 것처럼 억지로 미소를 지었다. 그녀에게는 모욕적인 말을 듣거나, 멍청하고 무례한 사람을 상대하면서도 미소를 지어야 하는 것이 교무처장 노릇에서 가장 힘든 일이었다. 바크먼은 멍청한 사람이 아니었다. 그는 헤이워드 매장에서 소동이 있었으며, 스탠퍼드 학생들이 시위를 하려 한다는 소문을 들었다. 그는 루스가 시위에 대해 조치를 취할 것인지 알고 싶어했다. 루스는 즉답을 피하면서 학문적 자유와 후원기업의 입장을 모두 중시한다고 말했다. 두 가치가 상충할 수도 있었지만 말이다.

바크먼은 루스가 대답을 얼버무린다는 사실을 알았다. 숱한 공방과 애정 고백 끝에 바크먼은 이 문제에 어떤 대가가 걸려 있는지 노골적으로 상기시켰다. 사실 바크먼은 컴퓨터공학과 및 경영대학원과 새로운 연구소 설립을 논의하고 있었다. 서비스 부문의 재고 관리와 적시 작업 방식에 초점을 맞춘 최첨단 정보기술 연구소였다. 또한 바크먼은 비슷한 복합 연구소에 빅박스의 이름을 붙이는 대가로 3,000만 달러에서 4,000만 달러의 큰 선물까지 안길 예정이었다. 이미 그는 경영대학원 학장, 컴퓨터공학과 학과장, 인문과학대 학장과 그 문제를 논의하고 있었다. 연구소가 설립되도록 애쓰는 관계 기관과 동문들을 실망시키는 일은 루스와 스탠퍼드에게 재앙적인 결과가 될 것이었다.

"알겠습니다." 루스는 "전 바보가 아니에요."라고 덧붙이고 싶은 충동을 억누르며 대답했다. 대신 그녀는 스탠퍼드가 빅박스, 특히 밥 바크먼과 맺은 관계가 얼마나 중요한지 알고 있다고 말했다.

"그래서 어떻게 하실 건가요?"

루스는 바크먼의 고함이 끝나기를 기다리며 수화기를 한동안 귀에서 멀리 떼었다. 그녀는 라몬 페르난데스와 이야기해 보겠다고 약속했다. 라몬이 시위에 연루된 것은 확실했다. 물론 그녀는 라몬을 알았다. 사실 이미 그를 만날 일정도 잡혀 있었다. 라몬은 졸업식 행사의 일원이었고 구체적인 진행 방식을 논의하기 위한 회의가 열릴 예정이었다. 바크먼은 "라몬에게 시위를 할 수 없다고 말할 거죠? 시위를 하려면 허가가 필요하지 않나요?"라고 다그쳤다. 루스는 "아마 그럴 겁니다."라고 대답했다. 바크먼은 "허가 없이 시위를 벌이는 걸 아주 위험하게 만들 수도 있죠. 장학금을 박탈하겠다고 위험해요. 야구 배트로 조금 두들겨 패면 어때요?"라고 말했다. 루스는 끝없이 이어지는 추궁에 일일이 대답해 주었다. "아주 재미있네요. 하지만 그런 걸 약속할 수는 없어요. 네. 다시 연락드릴게요. 네. 어떻게 진행되는지 알려드릴게요. 네. 계속 상황을 지켜볼게요. 네. 회장님을 기쁘게 하는 일이 얼마나 중요한지 알고 있어요. 네. 3,500만 달러가 엄청나게 많은 돈인 것도 알고 있어요. 네. 회장님이 스탠퍼드의 미래에 얼마나 중요한 사람인지도 잘 압니다. 네, 네, 네."

졸업식 준비 회의가 얼마 남지 않았을 때 루스는 라몬 페르난데스에게 평소보다 많은 관심을 기울였다. 물론 이미 그에 대해 조금은 알고 있었다. 라몬의 아버지는 전설적인 쿠바의 야구선수로 젊은 나이에 죽었고, 어머니가 라몬을 데리고 미국으로 건너온 일은 몇 주 동안 전국적인 뉴스였다는 정도였다. 루스는 라몬이 경기하는 모습도 보았다. 라몬은 그녀가 본 어떤 선수보다 열정적으로 경기에 임했다.

회의가 진행되는 동안 라몬은 조용하고 공손했다. 주요 후원자를 상대로 시위를 계획하는 학생 같은 모습은 전혀 보이지 않았다. 라몬은 고별사를 할 4학년 대표로 선발되었다. 회의의 목적은 진행 절차와 계획을 검토하는 것이었다. 회의가 끝났을 때 루스는 라몬에게 잠시 남아달라고 요청했다. 라몬은 루스의 책상 맞은편에 있는 낮은 테이블을 둘러싼 안락의자들 중 하나에 앉았다.

"윔블던 준비는 잘되고 있어?"

"네." 라몬은 루스가 따로 남으라고 말한 이유가 궁금했다. 어쩌면 표를 부탁하려고 그런 것일지도 몰랐다. 아니면 조카나 손녀에게 줄 사인을 원하는 것일 수도 있었다. 라몬은 그런 일에 익숙했다.

"잘하고 있을 거라고 믿어."

라몬은 고개를 끄덕이며 루스가 무슨 부탁을 할지 기다렸다. 하지만 루스가 한 말은 전혀 뜻밖이었다.

"빅박스에 항의하는 시위를 준비하는 중이라고 들었어."

라몬은 뭐라고 말해야 할지 몰랐다. 그는 아무 말도 하지 않고 루스의 다음 말을 기다렸다.

"소문을 들었어." 루스는 이야기를 계속했다. "그냥 계획이 뭔지 궁금해서 그래."

라몬은 침묵을 지켰다.

"아마 몇 가지 요구를 하겠지. 그게 뭔지 말해줄 수 있겠어?"

라몬은 거듭 당황했다. 교무처장이 시위 계획에 대한 소문을 들었다는 것도 의외였다. 게다가 어떤 요구를 할 건지 자기한테 말해달라고?

"시위를 계획한다면," 라몬은 마침내 입을 열었다. "자세한 내용은 말하지 말아야겠죠. 그래도 관심을 가져주셔서 감사합니다." 그는 어색한 분위기를 풀기 위해 미소를 지었다.

"나는 시위를 즐겨." 루스는 말했다. "나라면 학교측에 연구소의 이름을 바꾸고 그 대가로 받은 돈을 돌려주라고 요구할 거야. 물론 당연히 그럴 생각이었겠지만."

라몬은 깜짝 놀랐다. 자신이나 헤비 웨더가 미처 떠올리지 못한 멋진 아이디어였다. 빅박스라는 이름을 캠퍼스에서 몰아내다니! 생각해 보면 너무나 당연한 요구였다. 그런데도 자신들은 놓쳐버린 부분이었다. 하지만 말도 안 되는 상황이었다. 교무처장이 학교측을 곤란하게 만드는 법을 조언하고 있었다. 루스 교수님이 미쳐버린 걸까? 자기가 미친 걸까? 뭔가 놓친 게 있는 걸까? 라몬은 일단 루스의 장단에 맞춰주기로 했다.

"요구요? 좋은 생각이네요. 연설자는 어떻게 할까요? 추천할 사람이 있나요?"

"고려할 만한 사람이라면," 루스는 주식회사 미국에 대한 유명한 비판자이자 유력한 작가의 이름을 말했다. "하지만 솔직히 그 사람은 조금 피곤해. 아집이 너무 강해. 강경파들에게는 잘 먹히지만 아직 전향하지 않은 사람들에게는 효과적이지 않아. 내 생각에는 네가 연설하는 게 가장 좋을 것 같아. 어려운 가정에서 자랐잖아. 그 점이 대기업에 맞서는 데 도움이 될 거야. 그리고 너는 이 지역 사람이야. 사람들은 널 알아. 널 많이 좋아하지. 그래서 널 응원할 거야. 게다가 내 친구 말로는 네가 테니스 라켓만큼 확성기도 잘 다룬다는군. 그럼 당연히 네가 적임자지."

도대체 무슨 일일까? 루스는 어떻게 라몬이 연설할 계획임을 알았을까? 추측이 운 좋게 들어맞은 걸까? 에이미가 말해준 걸까? 말도 안 되는 일이었다. 무엇보다 흥미로운 점은 루스가 시위를 지지하는 것처럼 보인다는 것이었다. 어쩌면 속임수일지도 몰랐다. 드롭샷(drop shot, 테니스에서 네트 바로 너머로 공을 떨어트리는 것 – 옮긴이)을 할 것처럼 움직이다가 네트로 뛰어오는 상대의 머리 위로 공을 띄우는 것처럼 말이다. 혹은 라몬에게 겁을 주거나 마음을 바꾸게 하려는 것일지도 몰랐다. 아니면 진심일 수도 있었다. 루스가 빅박스를 정말로 싫어하는 것일지도 몰랐다. 라몬은 루스가 교무처장이 되기 전에 빅박스의 후원금이 들어왔다는 사실을 알았다. 어쩌면 그녀는 그 점이 못마땅한 것인지도 몰랐다. 그래서 지금은 총장이 된 전임자를 난처하게 만들려고 하는 것인지도 몰랐다. 그리고 에이미도 고려해야 했다. 에이미는 루스 교수의 강의를 들었다. 라몬은 에이미와 이야기를 해봐야겠다고 생각했다. 어쩌면 에이미는 시위에 대해 루스가 어떤 생각을 가졌는지 알고 있을지도 몰랐다.

"조심해야 해. 만약 시위에서 연설을 할 생각이라면 예측할 수 없는 파장을 각오해야 해."

라몬은 루스를 보며 미소를 지었다. 진심으로 하는 말 같았다. 문득 맞은편에 앉아 있는 루스 교수가 엄마를 상기시켰다. 루스의 말이 진심인지 아닌지 알 길은 없었다. 그래서 라몬은 그저 고개를 끄덕이고 조언에 감사드린다는 말을 한 후 자리를 떴다.

시위가 열리는 주에 헤비 웨더와 친구들은 캠퍼스 곳곳에서 전

단지를 돌리고 대자보를 붙였다. 그 내용은 빅박스의 이름을 학교에서 몰아내고 노동자의 적에게 받은 더러운 돈을 돌려주라는 것이었다. 반대편에서는 밥 바크먼이 루스에게 말만 하지 말고 성과를 내라며 계속 압박했다. 그는 루스가 어떻게 대응할 것인지 알고 싶어했다. 그는 시위를 금지하든지, 캠퍼스 바깥으로 밀어내든지, 최소한 자기 회사의 이름이 붙은 건물 앞에서는 못하게 하라고 요구했다. 그는 학생들이 자신과 자기 회사에게 수모를 안기도록 놔두고도 아무 대가가 없을 것 같냐고 윽박질렀다. 루스가 사태를 방관하면 자신이 반드시 조치를 취할 것이기 때문이었다. 루스가 아무 대응도 하지 않고, 시위가 계획대로 벌어진다면 빅박스도 스탠퍼드에 나름의 타격을 입힐 것이었다. 향후 모든 후원을 중단할 뿐 아니라 최고경영자교육센터에 빅박스의 이름을 붙이는 대가로 지불한 돈을 반환하라고 소송을 걸 예정이었다.

"하지만 회장님," 루스는 시위가 열리기 며칠 전, 여느 때처럼 자신을 몰아붙이는 바크먼의 말에 반박했다. "그렇게까지는 하지 않으시는 게 좋습니다."

"그럴 겁니다, 반드시. 두고 봐요."

"그러면 학생들의 손에 놀아나는 겁니다."

"어떻게 그렇다는 겁니까?"

"캠퍼스에 돌아다니는 전단지를 못 보신 모양이네요."

"뭐라고 하는데요?"

"빅박스의 후원금을 돌려주고 건물 이름을 바꾸라는 요구를 하고 있어요. 만약 빅박스가 소송을 걸어서 이긴다면 학생들에게 승리를 갖다 바치는 겁니다. 소송비용까지 감안하면 학생들에게는 더 큰 승리죠. 회장님이 빅박스 최고경영자교육센터에 관대하게 베푼 돈을 돌려달라고 하시면 저희는 빅박스라는 이름을 떼야 할 겁니다. 빅박스의 이름을 학교에서 몰아내라는 시위 학생들에게 승리를 안겨주는 꼴이 되는 거죠. 아시겠지만 그러면 학생들은 더 기세가 등등해질 겁니다. 선전전에서 승리를 거두고 나면 분명히 오마하까지 행진할⋯." 루스는 말을 멈췄다. 바크먼이 갑자기 전화를 끊어버렸기 때문이다. 그녀는 IT연구소에 대한 3,500만 달러의 기부금을 두 배로 늘려서 빅박스가 원칙을 고수할 것이고, 경영의 세계를 이해하지 못하는 미숙한 학생들에게 휘둘리지 않을 것임을 보여주는 것이 최선인 이유를 미처 설명하지 못했다.

시위가 예정된 날은 4월의 여느 화요일과 다를 바 없었다. 기온은 20도 정도였고, 파란 하늘에는 구름이 몇 점 없었다. 만약 바크먼이 비가 오기를 바랐다면 실망스러운 날씨였다.

학생들은 기념관 바깥의 분수대에 모인 후 빅박스 최고경영자교육센터를 향해 캠퍼스를 가로지르기 시작했다. 살판이 난 헤비 웨더는 친구들과 함께 만든 구호판과 깃발을 나눠주었다. 그는 공격 대상이 홈디포가 아니라 빅박스라는 게 너무나 기뻤다. 어떻게 홈디포를 풍자할 수 있겠는가? 어차피 디포(창고라는 뜻 - 옮긴이)를 형상

화하기도 어려웠다. 반면 박스라는 소재는 전체 시위를 취재하고 있는 방송국 카메라 앞에서 풍자하기에 너무나 흥미롭고 적합했다. 의류 납품업체를 방문하기 위해 홍콩에 가 있는 바크먼도 그날 밤 뉴스 하이라이트에서 관련 뉴스를 보게 될 것이 확실했다. 시위대는 큰 박스와 작은 박스를 들고 행진했다. 상자에는 구호가 적혀 있었다. 지진이 발생한 날 빅박스가 드러낸 탐욕 때문에 굶주린 아이, 빅박스의 저임금 때문에 굶주린 아이를 상징하는 작은 관 모양의 박스도 있었다. 박스들이 불타올랐다. 구호판이 붙은 막대기 위에 얹힌 박스도 있었다. 빅박스의 바가지 때문에 옷을 사지 못해서 벌거벗은 학생들은 옷처럼 박스를 입었다.

빅박스 최고경영자교육센터는 향나무와 유리로 만든 멋진 건물이었다. 이 건물은 라몬의 연설에 절묘한 배경을 제공했다. 헤비 웨더는 모든 방송국 카메라맨들에게 연단과 건물을 같이 잡을 수 있는 지점을 미리 알려주었다. 시위가 벌어지는 장소를 관리하는 사람들이 그렇게 친절한 경우는 드물었다. 라몬이 시위가 학습의 기회라고 설득한 덕분에 행정처에서 연단과 방송 시스템을 친절하게 제공해 주었다. 헤비 웨더는 속으로 '호구들'이라고 생각했다. 그들은 모두 호구들이었다.

에이미도 행진에 참가했다. 라몬을 아끼는 그녀의 마음이 루스 교수가 경제학 강의로 심어준 의구심을 압도했다. 루스도 학생들과 어울리지는 않았지만 현장에 있었다. 혹시라도 그녀가 시위대 속에 있는 모습이 카메라에 잡혀서 바크먼을 더욱 불쾌하게 만들 필요가 없었다. 그녀는 뒤로 물러선 채 먼발치에서 행진을 지켜보고 라몬의 연설을 듣는 데 만족했다.

라몬의 연설은 능숙했다. 그의 연설은 지진이 발생한 날 밤에 있었던 일에 대한 회고로 시작되었다. 그는 비상사태가 일어난 상황에 가격을 올려서 가난한 사람들을 착취하는 것이 부당하다고 이야기했다. 또한 빅박스가 항상 저가에 상품을 제공하겠다고 약속할 것을 요구했다. 그의 계획은 지진이 발생한 날 밤에 했던 연설을 약간 더 강한 어조로 반복하는 것이었다. 이번에는 시위대를 자신이 활용할 수 있는 도구로 삼을 수 있었다. 그는 아이에게 먹일 이유식을 사지 못해서 울던 멕시코 여성의 이야기를 통해 빅박스의 비정한 가격 정책을 설명할 생각이었다. 그러면 그날 밤과 같은 효과를 낼 수 있을 것 같았다. 다만 오늘은 저번처럼 사람들을 흥분시켰다가 진정시키지 않고 자신도 동조하여 분노를 자극할 생각이었다.

헤비 웨더를 위시하여 버클리에서 건너온 주동자들은 "빅박스를 몰아내자"라는 구호를 시작할 것이었다. 그들은 행정처 건물로 행진한 다음 카메라들이 따라붙는 가운데 박스와 구호판을 쌓아서 입구를 봉쇄할 것이었다. 거기서 "빅박스는 캠퍼스에서 나가라"라고 적힌 거대한 배너를 펼쳐놓고 다음날 아침 직원들이 건물 안으로 들어가려면 배너를 찢어야 하도록 만들 생각이었다. 이 마지막 부분은 비밀이었다. 시위가 어떻게 진행될지는 소수의 기획자들만 알았다. 그래도 그들은 군중들이 분위기에 휩쓸려서 자연스럽게 행정처로 행진할 것이라고 확신했다. 헤비 웨더는 '식은 죽 먹기'라고 설명했다. 세상은 양 같은 사람들로 가득했으며, 군중은 목동이 이끌기를 기다리는 양떼와 같았다. 헤비 웨더는 라몬이 분위기를 조성한 후 그들을 이끌 것이었다.

모든 시선이 자신에게 쏟아졌지만 라몬은 전혀 긴장하지 않았다. 그는 이미 숱하게 카메라 앞에 섰었다. 그는 상황을 완벽하게 통제하고 있었다. 헤비 웨더는 그의 존재감에 감탄했다. 여태 시위 현장에서 그토록 탁월한 동지를 만난 적이 한 번도 없었다. 라몬은 뛰어난 화술을 구사하고, 이야기로 청중을 사로잡고, 당당하게 모든 일을 해낼 수 있는 세계적인 선수였다. 그가 너무나 이상적인 학생이라는 게 아쉬울 정도였다. 반면 이 모든 과정을 지켜본 루스는 완전히 다른 그림을 그렸다. 그 그림은 격정적인 순간들 속에서 일어날 변화를 보여주었다. 별안간 앞으로 사건들이 진행될 경로가 분명하게 그려졌다. 마치 시간이라는 개념이 의미를 잃은 듯 미래가 과거처럼 눈에 선했다.

루스, 라몬, 헤비 웨더는 각자 상황이 통제되고 있다고 생각했다. 그러나 그들 중에서 한 명만이 옳았다. 나머지 두 명은 눈에 보이는 것만을 보고 보이지 않는 것을 놓치는 아마추어에 지나지 않았다. 라몬은 멕시코 여성에 대한 이야기를 끝냈다. 시위대는 신호에 따라 "빅박스를 몰아내자!"라고 구호를 외치기 시작했다. 라몬은 연단에서 내려와 시위대에 합류한 후 행정처 쪽으로 이끌었다. 그러나 그는 멀리 가지 못했다. 갑자기 시위대가 반대 방향으로 움직이며 그를 밀치고 밀어냈다. 그는 인파를 막기 위해 방향을 돌리라고 고함을 지르기 시작했다. 그러나 시위대의 구호에 묻혀 자기 목소리도 들을 수 없었다. 시위대는 연단을 지나 행정처와 반대 방향에 있는 빅박스 건물로 몰려갔다. 라몬은 넘어지기 전에 뛰어난 주변 시야로 헤비 웨더가 시위대를 이끄는 모습을 보았다. 헤비 웨더는 허리를 숙여서 건물 앞에 꾸며진 화단에서 돌멩이를 집어 들었다. 헤비 웨더의 손안에서 부드럽고 차갑게 느껴지는 이 돌멩이는 완벽한 형태와 무게를 지니고 있었다. 라몬은 헤비 웨더가 돌멩이를 던지기 전에 땅바닥에 쓰러졌다. 헤비 웨더에 이어 수많은 시위대가 돌멩이를 투척하는 모습은 방송국 카메라에 고스란히 담겼다. 수백 명이 헤비 웨더를 따라 돌멩이를 투척했다. 몇 분 만에 빅박스 최고경영자교육센터의 전면은 수북하게 쌓인 유리조각들 속으로 사라졌다.

30킬로미터 떨어진 곳에서는 50명의 시위대가 헤이워드에 있는 빅박스 매장 앞에서 같은 일을 했다. 거기에도 방송팀들이 나가 있었다. 카메라에 담기지 않으면 의미가 없기 때문에 헤비 웨더가 미리 연락해 둔 터였다. 모든 조율이 완벽했다.

에이미는 시위대에 휩쓸려 돌멩이를 던지는 그룹 속으로 밀려들어갔다. 그녀는 파도에 떠밀리는 해초처럼 무력했다. 루스는 멀리 떨어져 있어서 차분하게 사태를 지켜보았다. 그래서 시위대가 건물로 몰려가 돌멩이를 던질 때도 휴대폰으로 교내 경찰을 부르고 싶은 욕구를 억누를 수 있었다. 어차피 교내 경찰은 곧 도착할 것이었다. 그들이 도착했을 때 시위대는 이미 사라지고 없었다. 그들은 시위대를 체포하는 것이 아니라 시위대에 떠밀리거나 잘못 던진 돌멩이에 맞아서 쓰러진 15명에서 20명의 사람들을 도왔다. 한 여성은 찢어진 눈 윗부분에서 피가 흘러내리는 가운데 멍하니 앉아 있었다. 그녀의 얼굴은 파괴된 빅박스 최고경영자교육센터의 모습과 함께 모든 신문의 전면을 장식했다.

라몬은 어떻게 되었을까? 라몬은 어디에 있을까? 루스는 그가 체육관을 향해 절뚝이며 걸어가는 모습을 보았다.

chapter 6
내 탓이로소이다

라몬은 12살 때 시에서 주최한 14세 이하 테니스 대회에서 우승한다. 그
가 다음으로 애틀랜타 주에서 열리는 14세 이하 토너먼트를 거의 우승할
뻔하자 수많은 테니스 아카데미 관계자들이 집으로 찾아온다. 그들은 장
학금을 제안하고 라몬을 대선수로 키워주겠다고 약속한다. 그중에는 라
몬만큼 셀리아에게 관심을 느끼는 사람들도 있다. 그녀는 이제 40살을 조
금 넘겼고 여전히 미인이다. 남동생인 에두아르도는 그들에게 친절하게
대해서 손해 볼 건 없다고 말한다. 그녀는 그들을 친절하게 대하지만 그뿐
이다. 그녀는 자신을 페넬로페라고 생각한다. 다만 그녀의 율리시스는 폭
풍우에 배가 침몰하는 바람에 바다에 빠져 죽었다. 그녀는 라몬이 집에서
다닐 수 있도록 배려한 마이애미 최고의 아카데미를 선택한다.

라몬이 고등학교 1학년 때 주니어 윔블던에서 우승하자 최고의 테니스 프
로그램을 운영하는 대학들이 편지와 안내서를 보내고 라몬을 초청하기
시작한다. 라몬은 스탠퍼드를 선택한다. 스탠퍼드에서 보낸 첫 1년은 거
의 완벽하다. 학교, 테니스 프로그램, 강의가 모두 그의 마음에 든다. 그는
봄에 NCAA 싱글 챔피언십에서 우승한다. 이제 프로가 될 때다. 프로가
되면 마이애미로 돌아가 어머니에게 집을 사줄 수 있다. 하지만 셀리아는
거절한다. 그녀는 지금 사는 집도 충분히 좋다고 말한다. 게다가 이미 익

숙해진 집이기도 하다. 그녀는 라몬에게 대학을 졸업하겠다고 약속하라고 말한다.

|

'누가 공로를 인정받든 상관하지 않으면 이룰 수 있는 것에 한계가 없다.' 루스는 교무처장으로 일하는 동안 모세 이후 모든 성공한 리더에게 적용되는 이 말을 종종 생각했다. 시위 이틀 후 모든 일이 잘 풀려서 얼마나 운이 좋은 건지 모른다는 바크먼의 설교를 들으며 앉아 있는 동안에도 이 말이 그녀의 머릿속에 떠올랐다.

루스가 해야 하는 일 중 하나는 자신이 아주 중요하다고 생각하는 사람들이 더 중요하다고 느끼도록 만드는 것이다. 쉽지 않은 일이지만 그래도 그녀는 최선을 다했다. 그녀는 바크먼의 통찰력을 칭송했고, 약간의 행운 덕분에 모든 일이 잘 풀렸다고 인정했다. 시위대가 험한 내용이 적힌 구호판을 들었고, 라몬이 험한 말을 한 것은 사실이었다. 하지만 전반적인 시위의 결과는 상당히 좋은 방향으로 흘러갔다. 빅박스 최고경영자교육센터의 전면이 파괴되는 바람에 여론이 시위대를 비판하는 쪽으로 돌아섰고, 스탠퍼드는 소비자를 착취하는 후원기업의 공범이 아니라 파괴 행위의 피해자처럼 보였다. 헤이워드 매장이 입은 피해도 빅박스에 대한 동정 여론을 형성하면서 시위대를 비판하는 목소리가 높아졌다. 방송국들은 매장에 왔다가 헤비 웨더의 무리들이 입힌 피해 때문에 수리 중인 사실을 발견한 사람들의 모습을 찍었다. 루스는 바크먼에게 시위를 지진에 비유하는 한 시민의 인터뷰도 방송되었다고 말했다. 시민의 입장에서 원하는 물건을 사지 못하는 것은 똑같았기 때문이다. 운이 좋았던 것이기는 하지만 결과적으로는 모든 일이 잘 풀렸다.

적어도 루스는 바크먼에게 그렇게 말했다. 자신이 스탠퍼드와 바크먼에게 좋은 방향으로 모든 일이 흘러가도록 만든 방법을 설명할 길이 없었기 때문이다. 안타깝게도 그 과정에서 한 유명한 학생이 파괴적이고 폭력적인 시위에 연루되는 바람에 명성에 흠집이 생겼다. 그래도 루스는 '앞으로 라몬에게 좋은 날들이 있을 거야'라고 생각했다. 이상주의에 빠져서 저지른 한때의 실수는 잊힐 것이었다. 게다가 그녀는 라몬에게 미리 경고했다. 혹은 경고를 했다고 생각했다. 바크먼과의 대화가 끝나갈 무렵이 되어서야 불길한 조짐이 보였다.

"무엇보다 최선의 결과는," 바크먼이 들뜬 목소리로 말했다. "페르난데스라는 아이를 더 이상 신경 쓸 필요가 없다는 거죠. 그 아이는 잘하던 테니스를 계속하면 돼요."

루스는 라몬이 여전히 빅박스를 난처하게 만들 수 있다는 말을 하지 않았다. 졸업식 고별사라는 무기가 아직 남아 있는 상황이었다. 라몬에게는 바크먼의 회사에 상처를 입힐 또 한 번의 기회가 있었다. 하지만 루스는 아직 시간이 많이 남았다고 생각했다. 라몬이 어떤 말을 할지 누가 알겠는가? 아직 문제가 남았다고 바크먼을 다시 불안하게 만들 필요가 없었다. 그러면 당장 해결하라고 자신을 몰아붙일 게 뻔했다. 라몬이 무난한 내용을 말하고 빅박스가 베이 에이리어에서 다시 창피를 당하지 않으면 바크먼은 분명 IT 센터 건립기금으로 3,500만 달러를 내놓을 것이었다. 그때 인터콤이 울렸다.

"교수님, 라몬 페르난데스 학생이 교수님을 만나러 왔는데요. 잠시 만나주실 수 있나요?"

"그래."

잠시 후 라몬이 들어왔다. 두 사람은 이전처럼 책상에서 떨어진 창가 자리에 앉았다.

"다리는 어때?" 루스가 물었다.

"괜찮아요. 제가 다리를 다친 건 어떻게 아셨어요?"

루스는 그냥 손을 흔들었다. 라몬은 자신이 맞은편에 앉은 이 작은 여성을 과소평가했다는 사실을 상기했다. 그는 자신의 다리, 모든 일을 아는 듯한 루스 교수의 능력, 지난 시위 이후 루스 교수와 마주한 불편함에 대한 생각을 애써 머릿속에서 지웠다.

"사과드릴 게 있습니다." 라몬이 말했다. 루스는 그럴 필요 없다고 말하려다가 그만뒀다. 일단 무슨 말을 하는지 들어보기로 했다.

"교수님이 저를 도와주시려고 한 거 압니다." 라몬이 말을 이어나갔다. "제가 감당하지 못할 일에 뛰어든다고 경고하셨죠. 저는 그 경고를 무시했어요. 교수님이 저를 조종하거나 속이려 한다고 생각했습니다. 교수님이 옳았고, 제가 틀렸습니다."

루스는 라몬의 말하는 방식이 마음에 들었다. 에두르지 않고 직설적이었다. 핑계를 대거나 얼버무리지 않았다. 라몬은 루스를 정면으로 바라보았다. 분명 나이가 들면 큰 인물이 될 학생이었다. 사실 이미 대단한 인물이었다. 라몬은 이미 어디든 원하는 대로 갈 수 있을 만한 존재감을 갖추고 있었다. 테니스뿐만 아니라 다른 어떤 분야에서도 그럴 것이었다. 약간 순진하기는 하지만 곧 그 점도 극복할 것이었다.

"부끄러운 짓을 했습니다." 라몬은 계속 말했다. "하지만 그보다 학교를 부끄럽게 했습니다. 죄송합니다. 그리고 제가 실수를 하지 않도록 도와주려 하신 데 대해 감사드립니다."

잠시 루스는 미소를 지으며 와줘서 고맙고 졸업식에서 멋진 고별사를 기대한다고 말할까 생각했다. 그녀의 책상은 오늘 끝내야 할 일거리로 넘쳐났다. 강의도 해야 했다. 저녁 8시에는 밤늦도록 이어질 저녁 약속이 있었다. 그때까지 일정이 가득 차 있었다. 라몬과 길게 이야기할 시간이 없었다. 하지만 그냥 고맙다고 말하고 라몬을 돌려보내면 졸업식 전까지 한두 번 정도만 다시 볼 수 있을 것이었다.

루스는 본능에 따라 뻔한 길이 아닌 길을 택했다. 그 결과 전혀 예측하지 못한 방향으로 라몬과 그녀의 삶이 바뀌었다. 루스는 라몬을 돌아보았다. 이미 헤비 웨더에게 당하게 만든 라몬의 순진한 성격은 그녀가 하려는 말에 다시 타격을 입을 것이었다.

"사과할 것도 없고, 고마워할 것도 없어."

라몬은 혼란스런 표정을 지었다. 무슨 의미인지 모르겠다는 표정이었다.

"나로서는 잃을 게 없는 상황이었어." 루스는 말을 이어나갔다. "네게 경고한 건 양심의 가책을 느끼고 싶지 않아서야. 별로 자랑스러울 게 없어."

라몬은 여전히 루스가 무슨 말을 하는 건지 이해하지 못했다.

"나는 교무처장으로서 빅박스의 평판을 신경 써야 했어. 우리 학교의 주요 후원자니까. 사실 앞으로 최대 후원자가 될지도 몰라. 그런데 시위 때문에 대외적으로 계속 이미지가 나빠지면 우리와의 관계에 문제가 생기지. 게다가 나는 전체적인 관점에서 우리 학교도 신경 써야 해. 거대하고 요란한 시위가 벌어지면 우리 학교의 전국적, 세계적 명성이 어떤 영향을 받을까? 그리고 나는 네가 받을 영향도 신경 써야 했어. 창피를 당하거나 바보처럼 보이게 만들고 싶지 않았어. 그래서 경고한 거야. 나의 경고는 다른 목적에도 도움이 되었어. 네가 시위에서 발을 빼면 스탠퍼드와 빅박스의 관계가 입을 타격이 줄지. 순전히 외부인들이 일으키는 시위가 되니까. 하지만 네가 시위에 참여하겠다면 빅박스를 캠퍼스에서 몰아내자는 극단적인 입장을 취하는 게 유리했어. 나는 빅박스의 회장을 잘 알아.

네가 빅박스를 몰아내자는 요구를 강하게 내세우면 그게 오히려 우리와 빅박스의 관계를 더 긴밀하게 만들어주지."

"그러면 왜 시위를 그냥 금지하지 않으셨어요?"

"시위를 금지하면 시위대를 동정하는 여론이 형성되었을 거야. 빅박스에게는 손해지. 또한 우리 학교에 도움이 되는 방향으로 내가 영향을 미칠 수 있는 가능성이 사라져. 나로서는 너무 많은 피해를 입히지만 않으면 시위가 진행되도록 놔두는 게 좋았어. 그래서 너한테 조심하라고 경고한 후에는 한 발 물러서서 일이 그냥 진행되도록 놔뒀지. 그 편이 나한테 유리할 거 같았으니까."

라몬은 앞으로 몸을 기울였다.

"하지만 정의는요?"

"정의?"

"교수님은 우리 학교, 빅박스, 우리 학교와 빅박스의 관계에 신경 썼어요. 심지어 저에게도 신경 쓰셨죠. 하지만 정의는요? 무엇이 옳고 그른지는 조금도 신경 쓰지 않으신 겁니까?"

라몬은 루스가 빅박스 같은 사회적 기생충에게 도움이 되도록 상황을 조작하고도 어떻게 편히 잠을 잘 수 있는지 의아했다. 그녀는 양심적인 사람처럼 보였다. 단지 앞으로 돈을 더 받아내기 위한 걸까? 어떻게 그런 짓을 하고도 마음이 편할 수 있지?

라몬의 태도가 바뀌었다. 처음 들어올 때만 해도 겸손하고 차분했다. 그러나 지금 그는 잔뜩 흥분해 있었다. 라몬의 눈빛은 루스가 테니스 코트에서 보았던 눈빛으로 변해 있었다. 루스는 열띤 분위기를 즐기며 잠시 라몬이 감정을 분출하게 놔뒀다. 뒤이어 그녀는 라몬이 안정을 되찾도록 자리에서 일어나 창밖을 내다보았다. 그녀는 질문에 대답하거나 자신의 행동을 정당화하지 않고 이렇게 반문했다.

"그러면 어디서 물건을 살 건데?"

라몬은 루스가 던진 질문을 이해하지 못했다.

"네?"

"어디서 물건을 살 거냐고. 빅박스야, 홈디포야? 재난이 발생했을 때 가격을 두 배로 올리는 데서 살 거야 아니면 가격을 그대로 두는 데서 살 거야?"

"그거야 쉽죠. 가격을 그대로 두는 곳이요."

라몬은 루스의 의도가 무엇인지 궁금했다. 그냥 질문을 회피하고 자신이 옹호하려 드는 부정을 직시하지 않으려는 것 같았다.

"그럼 지진이 일어난 밤에 어디서 물건을 샀어? 홈디포야, 빅박스야?"

라몬은 루스의 말이 어디로 향하는지 감을 잡았지만 아직 이해하지는 못했다.

"두 곳에 다 갔어요."

"그날 밤에 물건을 샀어?"

"친구와 같이 있었어요. 처음에는 홈디포에 갔는데 손전등이 다 떨어졌더라고요. 그래서 결국 빅박스로 갔죠."

"그럼 어디가 더 정의로울까? 빅박스일까, 홈디포일까?"

"홈디포죠. 바가지를 씌우지 않았잖아요."

"그러나 네가 원하는 물건을 제공하지 못했어. 빅박스는 그걸 갖고 있었고. 그들이 올바른 일을 한 것이고 가격을 그대로 둔 다른 매장들이 잘못한 건 아닐까?"

"하지만 빅박스에 손전등과 우유가 있었던 건 잘못된 이유 때문이었어요. 정의나 올바름과는 아무 관계가 없어요. 단지 이익을 더 많이 보려고 했을 뿐이죠. 빅박스는 가격을 올리지 말았어야 했어요. 그러면 올바른 일이 되었겠죠."

"빅박스에 우유와 손전등이 있었던 이유가 바로 가격을 올렸기 때문일지 모른다는 생각은 안 해봤어?"

"그런 건 상관 안 해요. 그건 잘못된 일이에요."

"그럴지도 모르지. 하지만 네가 도와준 멕시코 여성을 생각해 봐."

"그건 어떻게…."

"신문에서 읽었어. 그 여성이 아이를 위한 물건을 살 수 있게 네가 돈을 모았다고 기사에 나와 있더라."

"이유식과 기저귀를 사려는 사람에게 바가지를 씌우는 건 말도 안 돼요."

"그럴지도 모르지. 하지만 그때는 늦은 밤이었어. 그전에 매장에 왔던 사람들을 생각해 봐. 그들은 이유식을 미리 사둘 수 있었지만 가격을 보고 사지 않기로 결정했지. 높아진 가격이 그들을 물러서게 만들고 그 여성을 위한 재고를 남긴 거야. 어떤 사람들은 여분의 기저귀나 손전등 혹은 배터리를 사려고 그 매장에 왔을 거야. 하지만 평상시보다 두 배나 가격이 오른 걸 보고 전부는 아니라도 일부는 포기했겠지. 덕분에 너와 네가 도와준 여성을 위한 물건들이 남은 거야. 그건 정의롭지 않은 건가?"

"네. 기업이 가격을 조종해서 부당한 이득을 취하도록 허용하면 부자들은 마음대로 원하는 것을 사고 가난한 사람들은 찌꺼기밖에 갖지 못해요. 시스템이 그렇게 설계되어 있어요."

인터콤이 울렸다. 루스는 시계를 흘긋 바라보았다.

"미안해. 이야기를 계속하고 싶은데 회의가 있어. 하나만 더 물어봐도 될까?"

"네."

"지진이 일어난 날 밤에 손전등이 충분치 않았어. 평상시와 같은 가격이라면 사람들이 매장에 있는 손전등보다 더 많은 손전등을 사려고 했을 거야. 그렇지?"

"네."

"내가 묻고 싶은 건 이거야. 손전등이 충분치 않은 상황에서 누가 그걸 가질 수 있어야 할까?"

"쉬운 문제네요. 가장 필요한 사람들이죠. 집에 이미 손전등이 있거나, 양초가 많거나, 어차피 곧 잠을 잘 사람들은 아니에요."

"좋아. 그러면 어떻게 가장 필요한 사람들이 손전등을 살 수 있게 만들지? 이 문제에서는 지식이 관건이야. 누가 손전등이 정말로 필요한지 어떻게 파악하지? 이건 사소한 문제가 아냐. 밤새 조사해서 손전등이 반드시 필요한 이유를 잘 제시한 사람들에게 손전등을 줘야 할까? 그런 방법이 좋을까?"

"모르겠어요. 그러면 사람들이 그 이유를 솔직하게 말하지 않을 것 같아요."

"그렇지. 게다가 손전등만 신경 써야 하는 게 아냐. 우유, 맥주, 양초, 기저귀, 휴대용 발전기뿐 아니라 비상시에 갑자기 필요한 수많은 것들이 있어. 가격을 평상시대로 유지한다면 누가 손전등과 우유와 발전기를 얻어야 할까?"

"필요한 사람들이요."

"나는 그렇게 생각하지 않아. 가격을 그냥 두면 매장에 먼저 온 사람들이 손전등을 얻겠지. 다른 사람들은 홈디포에 가도 필요한 물건들이 이미 다 팔리고 없어. 하지만 빅박스에 가면 손전등을 원하는 사람은 누구나 살 수 있지."

"그 가격을 지불할 용의가 있다면 그렇죠. 그러니까 가난한 사람들은 사기 힘들다는 거예요. 제가 도와준 멕시코 여성처럼 말이죠."

"동의해. 하지만 다른 수많은 사람들은 손전등을 구할 수 있잖아. 앞서 지식이 필요하다고 말했던 거 기억나? 누구에게 손전등이 가장 많이 필요한지 말해주는 지식 말이야. 빅박스가 가격을 올렸을 때 집에 양초가 있는 사람은 손전등을 사지 않고 그냥 선반에 뒀어. 모든 사람을 일일이 조사할 필요가 없어. 양초가 있는 사람은 비싸게 팔리는 손전등을 거부함으로써 자신의 의사를 밝힌 거야. 나보다 더 필요한 사람에게 양보하겠다는 의사 말이야. 누구도 올바른 일을 하라고 간청하거나, 시행해야 하는 법을 만들거나, 손전등이 정말로 필요한지 조사하지 않았어. 가격 인상이 손전등의 여유분을 확보해준 거야. 그건 내가 보기에는 아주 정당해."

"그럴 수도 있겠네요." 라몬의 말투가 다소 누그러졌다. 흥미로운 주장이었다. 그 주장은 에이미가 들려준 루스 교수의 강의 이야기를 상기시켰다. 연필 그리고 가격이 분산된 지식을 활용하는 양상에 대한 이야기였다.

"하지만 빅박스가 사람들의 고통을 이용해서 돈을 버는 건 부당해요."

"확실해? 홈디포는 더 낫다고 생각해? 홈디포는 가격을 올려서 이득을 취하지 않았어. 하지만 앞서 말한 대로 사람들이 필요로 하는 손전등을 제공하지 못했지. 만약 지진이 또 일어날 것 같을 때 어디가 충분한 손전등과 우유를 주문할 동기를 지닐까? 지진이 일어나지 않으면 돈이 낭비될 수도 있는 상황에서 어디가 재고 확보 비용을 기꺼이 감수할까? 빅박스일까, 홈디포일까? 가격을 높일 수 있다는 사실을 아는 빅박스에게는 재고 확보 비용을 감수할 동기가 있어."

"하지만 저는 손전등이 저렴한 동시에 항상 제공되는 세상을 원해요! 왜 그게 안 돼요? 왜 부자들은 더 부유해지고 가난한 사람들은 기껏해야 현상 유지에 허덕여야 해요? 교수님은 경제학자잖아요. 왜 우리가 더 나은 세상을 만들 수 없는지 말씀해 주세요."

다시 인터콤이 울렸다. 루스는 라몬을 내보내야 했다. 라몬은 문으로 걸어가면서 속으로 루스 교수의 주장이 흥미롭다는 사실을 인정했다. 하지만 모든 게 후원기업을 변호하기 위한 수단이 아닐까? 비상시에 가격을 올려서 사람들을 힘들게 하는 행태가 어떻게 정당할 수 있지? 루스 교수는 똑똑한 사람이었다. 라몬은 그 점을 인정했다. 루스 교수는 강력한 상대였다. 그런데 왜 루스 교수가 자신에게 그렇게 솔직한 생각을 털어놓은 걸까? 마치 좋아하는 레스토랑의 요리사가 주방을 구경시켜준 느낌이었다.

루스 교수는 고별사에 대해 아무 이야기도 하지 않았다. 라몬은 시위 때문에 고별사를 하지 못하게 될 줄 알았다. 하지만 루스 교수는 아직 아무 조치도 취하지 않았다. 라몬이 아는 한 고별사는 예정대로 자신이 하게 될 것이었다. 그렇다면 왜 루스 교수는 자신과 나눈 대화의 이면에 있는 진실, 시위와 관련된 일들을 조종했다는 진실을 털어놓은 걸까? 만약 자신이 그 말을 퍼트리면 루스 교수에게는 엄청나게 창피한 일이었다. 그는 수수께끼로 덮어두고 그냥 넘어가기로 했다.

"어땠어?"

에이미는 기념관 바깥에 있는 거대한 분수대에서 라몬을 기다리고 있었다. 라몬이 좋아하는 곳이었다. 이유는 알 수 없지만 쏟아지는 물소리는 그의 마음을 열어주었다.

"잘 모르겠어." 라몬이 대답했다. "이해가 안 돼. 빅박스가 그날 밤에 가격을 두 배로 올린 게 좋은 일이래!"

"쿠키에 대한 이야기도 했어?"

"쿠키? 아니. 쿠키에 대한 말은 없었어. 그게 뭔데?"

"과제로 내주신 거야. 아이가 3명인데 쿠키가 2개뿐이라면 엄마가 입찰에 부쳐서 가장 높은 가격을 지불하는 아이들에게 줘야 할까?"

"말도 안 돼."

"우리도 그렇게 말했어. 그래서 루스 교수님이 다른 방법을 생각해 보라고 말했어."

"쉽지. 아이 1명당 쿠키를 3분의 2씩 주면 되잖아. 한 아이가 이미 다른 간식을 먹었다면 쿠키를 주지 않을 수도 있어. 혹은 한 아이가 양보할 수도 있고. 루스 교수님이 아이들한테 입찰 방식으로 쿠키를 나눠준 건 아니겠지?"

"경제학자라면 그럴 만도 할 것 같아. 하지만 루스 교수님이 그렇게 하지는 않을 거야. 루스 교수님이 말하는 요지는 엄마는 어떤 아이가 쿠키를 먹지 않아도 되는지 안다는 거지. 아이들끼리 나눠

먹을 수도 있고 말이야. 굳이 가격을 이용할 필요가 없어. 소도시의 경우도 마찬가지야. 비상시에도 대다수 주민들이 올바르게 행동해. 서로를 아끼기 때문이거나 재난이 일어났을 때 이기적으로 행동하면 대가를 치를 수 있으니까. 사람들에게 기피 대상이 될 수 있거든. 그래서 지진이 일어나도 생활용품점 주인이 휴대용 발전기의 가격을 올리지 않아. 재고가 없어도 절실하게 필요한 사람은 이웃에게 빌릴 수 있지. 하지만 대도시에서는 다른 주민에 대한 애정이나 지식이 없어. 오른 가격이 부족한 애정을 대신하지. 그래서 크게 필요치 않은 사람은 물러서고 더 높은 가격을 지불할 용의가 있는 사람만 물건을 얻도록 유도해. 또한 오른 가격은 매장이 필수품의 재고를 확보하고 그 비용을 감수할 동기를 부여해."

"그래서 네 생각은 어때?" 라몬이 물었다.

"뭐에 대해서?"

"빅박스가 가격을 두 배로 올린 것 말이야. 그날 밤에는 너도 불쾌하게 생각했잖아. 그런데 지금은 그게 올바른 일인 것처럼 말하네."

"좋은 면도 있고 나쁜 면도 있어. 물건이 필요한 아주 가난한 사람들에게는 나쁘지. 하지만 일부 가난한 사람들을 포함한 다른 사람들에게는 좋아. 매장에 가면 물건을 구할 가능성이 높아지니까. 지진이 또 일어났을 때 물건이 필요할 사람들에게도 좋지. 어쩌면 좋은 면을 살리기 위해 나쁜 면이 불가피한 건지도 몰라. 잘 모르겠어. 너는?"

"나는 더 나은 방식을 원해. 지금 우리가 따르는 방식이 세상을 더 나은 곳으로 만든다고는 믿기 어려워. 내가 보기에는 대도시를 소도시처럼 만들 방법을 찾아야 해. 루스 교수님은 뭐라고 할까?"

"아마 강의 시간에 자주 하던 말을 하겠지. 세상을 더 나은 곳으로 만들고 싶어하는 것만으로는 부족해. 또 그렇게 만드는 것처럼 보이는 일을 하는 것만으로는 부족해. 세상을 정말로 더 나은 곳으로 만드는 게 목표야. 그건 종종 보기보다 힘든 일이야. 헤비 웨더에게 물어봐."

"됐어. 네가 무슨 말을 하려는지 알았어."

한편, 루스는 회의를 마치고 다음 회의 자료를 살폈다. 그녀는 달력을 보고 2, 3주 동안의 일정을 확인했다. 아마 평소보다 바쁜 기간이 될 것이었다. 정말로 여유가 없었다. 그래도 모험을 해야 할까? 그에 따른 대가는 분명했다. 반면 혜택은 주사위를 세게 굴릴 때 발생하는 아주 높은 변수에 좌우되었다. 심지어 마이너스가 될 수도 있었다. 그럼 어떻게 해야 할까? 물리학과 학과장은 세상의 모든 경제학자를 끝에서 끝까지 늘어놓아도 결론에 이르지 못할 것이라며 자주 놀렸다. 하지만 전형적인 경제학자인 루스는 결국 결론에 이르렀다.

chapter 7
황금알을 낳는 거위

쿠바의 시간은 1960년대 초에 멈춰 있다. 화장도료로 칠해진 아바나의 건물 벽들은 파도에 서서히 무너지는 거대한 모래성 같다. 심지어 차들도 1960년대산이다. 이 차들은 빙하기가 도래하여 비참한 삶을 끝내주기를 기다리는 공룡처럼 거리를 느리게 기어간다. 모든 것이 과거의 모습 그대로다. 누구도 내일 변화가 있을 것이라고 기대하지 않는다.

약속을 지키는 혁명은 드물다. 쿠바 혁명도 예외는 아니다. 미국이 가한 금수조치의 책임은 어느 정도이고, 오만한 쿠바 지도자의 책임은 어느 정도인지 밝히는 일은 역사학자들의 몫이다. 누가 알겠는가? 진실은 모호하다. 쿠바 사람들도 위대한 지도자가 저지른 실수를 잘 안다. 다만 숨죽여 속삭일 뿐이다.

농촌에 가보면 맞은편에 도로가 없는 다리가 있다. 비가 와서 강이 불면 염소들이 이 다리를 이용한다. 도시 외곽에는 쿠바를 커피 강국으로 만들 커피나무들이 심어져 있다. 그러나 토양의 산성이 너무 높거나 낮아서, 혹은 강우량이 너무 많거나 적어서 그런 것일까? 이유가 무엇이든 수확량이 변변치 않다.

그리고 감옥들이 있다. 노동자의 천국에도 정치범이 있을 수 있을까?

5월의 이른 아침, 스탠퍼드 캠퍼스에서 깨어 있는 사람은 별로 없었다. 하지만 한 사람은 깨어 있을 뿐 아니라 운동을 하고 있었다. 그는 왼손에 테니스공을 쥐고 있었다. 그는 공을 잠시 흔들다가 들어 올린 다음 닿을 수 없을 것 같은 높이로 던져 올렸다. 하지만 그는 공에 닿을 수 있었다. 그는 얼핏 느릿한 동작으로 라켓을 들어 올려 공을 때렸다. 강한 타격음이 울렸다. 그래도 캠퍼스는 여전히 잠들어 있었다. 그는 다른 공을 집어서 던져 올린 다음 라켓으로 때렸다. 그렇게 훈련이 계속되었다.

　　그는 40분 동안 훈련했다. 그 다음 공을 모두 주워서 라켓과 함께 가방에 넣었다. 그는 수건을 꺼내서 심판석 옆에 있는 의자에 앉았다. 시간은 8시 30분이 되기 직전이었고, 사방은 아직 고요했다. 하늘은 파랬고, 다른 모든 곳은 녹색이었다. 테니스장에 있는 그를 진녹색의 테니스 코트와 녹색의 관중석이 둘러싸고 있었다. 그는 혼자였다. 하지만 눈을 감으면 팬들이 관중석을 채우는 모습이 보였다. 여기서 몇 경기나 치렀을까? 100경기? 뭔가 움직이는 대상이 그의 눈길을 끌었다. 그는 고개를 들어 루스 교수가 코트로 이어진 계단을 내려오는 모습을 보았다.

　　그녀는 "여기 있을 것 같았어."라며 그의 옆에 앉았다. 라몬은 파란색 파워에이드를 마시고 수건으로 땀을 닦기 시작했다. 교무처장이 웬일로 아침 8시 30분에 테니스장에 왔을까? 당연히 그를 찾아온 것이었다. 하지만 왜?

"여기서는 시간이 참 빨리 가지?" 루스가 물었다.

"네. 다들 그렇게 말하죠. 맞아요. 근데 어쩐 일로 오셨어요?"

"별일 아냐. 어제 했던 대화를 계속하고 싶어서."

라몬은 이유를 알 수 없었다. 하지만 어차피 달리기를 하기 전에 몸을 식혀야 했다. 기꺼이 루스 교수의 말을 들어줄 수 있었다.

"좋아요."

"어제 네가 한 말이 머릿속에서 떠나질 않아. 부자들은 원하는 걸 살 수 있지만 가난한 사람들은 찌꺼기만 얻는다고 말했지. 맞아?"

"네. 맞아요."

"너는 또 왜 더 나은 방식을 찾지 않느냐고 물었어. 그러면 지금 우리가 따르는 방식은 어떻다고 생각해? 평균적인 사람들의 삶이 나아지고 있을까? 미국 서민들의 생활수준이 100년 전보다 높아졌을까, 낮아졌을까?"

이 질문은 루스 교수가 아침 일찍 찾아와 이야기를 하는 이유를 파악하는 데 도움이 되지 않았다. 미국인들의 생활수준 말고 다른 할 말이 있는 게 분명했다. 아마도 약간의 술수로 고별사에 영향을 주고 싶어하는 것인지도 몰랐다. 얼마든지 해보라지. 그래도 루스 교수와 나누는 대화는 흥미로웠다. 손해 볼 것은 없었다.

"모르겠어요. 더 부유해진 사람도 있고, 더 가난해진 사람도 있겠죠. 하지만 평균적으로는 높아졌을 것 같아요."

"맞아. 그러면 1900년과 비교하면 얼마나 높아졌을까? 약간? 훨씬 많이? 10퍼센트? 두 배? 어느 정도일지 맞춰 봐."

"50퍼센트 정도 높아지지 않았을까요?"

"비슷해."

"그래요? 그냥 추측한 거예요."

"내가 이 질문을 하면 대다수 사람들이 하는 답과 비슷해. 대개 제시하는 수치가 50퍼센트에서 100퍼센트 사이야. 10퍼센트라고 답하는 사람도 있고, 사실 생활수준이 더 낮아졌다고 말하는 사람도 있지만."

"그게 더 정답에 가까워요?"

"정답은 없어. 하지만 비교적 타당한 답은 있지."

"설명해 주세요."

"이론적으로는 쉽게 답을 찾을 수 있어. 지금과 1900년의 평균 소득 내지 중위 소득을 비교하면 되니까."

"쉬워 보이네요. 하지만 지금은 100년 전보다 물가가 높아요. 그건 어떻게 조정하죠?"

"1900년의 소득을 높이거나 지금의 소득을 낮춰야지. 문제는 어느 정도나 조정해야 하는지 파악하는 거야. 혹시 오디오 플레이어 갖고 있니?"

"네." 라몬은 운동 가방에서 전화, 라디오, 텔레비전, GPS, 오디오 플레이어 기능을 모두 합친 최신 아이폰을 꺼내 보여주었다.

"얼마 주고 샀어?"

"139달러였던 것 같아요."

"그러니까 시급이 7달러라면 20시간 혹은 이틀 약간 더 일해야 살 수 있는 거네. 마음에 들어?"

"뭐가요? 이거요? 그럼요. 아주 좋아요."

"그걸 더 좋게 만든다면 뭘 할 거야? 더 완벽하게 만든다면 말이야."

"저장용량을 늘리고 헤드폰 성능을 높일 거예요. 또 배터리 수명을 늘리고, 다운로드 시간을 줄일 거예요."

"그럼 1년 후에 시급이 14달러로 늘고 아이폰 가격은 280달러가 된다고 가정하자. 더 싸진 거야, 비싸진 거야?"

"변하지 않았어요. 여전히 20시간을 일해야 살 수 있으니까요."

"맞아. 하지만 신제품은 4배나 많은 곡을 저장할 수 있고, 배터리 수명이 3배나 더 길고, 전자레인지 기능까지 갖췄어."

"전자레인지 기능은 농담이죠?"

"맞아. 하지만 그걸 빼고도 훨씬 나은 제품이지만 가격은 두 배야. 더 싸진 걸까, 비싸진 걸까, 아니면 변하지 않은 걸까?"

"금액만 따지면 가격이 오른 것이고, 노동시간을 따지면 변하지 않은 거예요. 하지만 사실 같은 제품이 아니죠."

"바로 그거야. 근본적인 의미에서 신제품이 더 저렴해. 이제 오늘날의 생활수준과 30년 전의 생활수준을 비교한다고 가정해 봐. 30년 전에 디지털 오디오 플레이어의 가격이 어느 정도였지?"

"그때는 그런 게 없었어요. 그 문제는 어떻게 해결해요?"

"어려운 문제야. 휴대용 CD 플레이어나 카세트 플레이어와 비교해야겠지. 사과와 오렌지를 비교하는 문제보다 더 어려워. 하지만 100년 전과 비교하면 어떨까? 그때는 밖에서 음악을 들을 수 있는 유일한 방법이 바이올린 연주자를 고용해서 데리고 다니는 거였어. 그래서 100년 혹은 수십 년에 걸쳐 생활수준을 비교하는 일은 조악할 수밖에 없어."

"그런 장기적인 변화는 어떻게 조정해요?"

"오렌지 하나와 바꾸는 데 사과가 몇 개 필요하다고 가정해야지. 그 다음에 경제학자들이 말하는 '추정'을 해야 해. 짐작을 그럴듯하게 꾸민 말에 불과하지만 말이야. 어떤 짐작은 다른 짐작보다 나아."

"그러면 준수한 추정이 뭔지 말해주세요."

"적절한 추정은 물질적 행복 측면에서 지금이 100년 전보다 5배에서 15배 더 낫다는 거야. 그보다 더 높을 수도 있고."

"와. 하지만 아주 정확한 추정은 아니네요."

"정확하게 수치를 제시하자면 10배 정도가 나쁘지 않을 것 같아. 10배나 더 나아졌다는 거지. 하지만 이건 그저 숫자일 뿐이야. 변화의 의미를 실감할 수 있는 예를 들어볼게. 1900년에는 수세식 화장실을 갖춘 가구가 15퍼센트밖에 되지 않았어. 상수도가 있는 집도 25퍼센트 정도였지. 대다수 여성들은 가정주부였고, 우물이나 개천 혹은 공동 수도에서 길어온 물과 빨래판으로 빨래를 했어. 1년에 약 3만 8,000리터의 물을 나른 거지. 매일 12시간 정도는 집안일에 할애되었어. 그중 절반은 밥을 짓는 일이었지. 재미있어 보여? 전체 가구 중 4분의 1은 세입자와 같이 살았어. 중앙난방장치도, 냉장고도 없었어. 사실상 전기를 쓸 수 있는 사람도 없었어. 아마 전체 가구 중 5분의 1만 아이스박스를 갖고 있었고, 얼음을 얻을 수 있었어. 전자레인지도, 휴대폰도 없었지. 노동자 중 40퍼센트는 농촌에서 주 74시간씩 일했어. 도시 노동자들은 주 60시간씩 일했지. 지금의 생활수준은 100년 전과 비교하면 엄청나게 나아진 거야."

"하지만 우리 세대는 교수님 세대만큼 돈을 따지지 않아요."

"미국이 1900년 이후 거둔 성공은 사실 돈과 상관이 없어. 그보다 수세식 화장실과 페니실린 덕분에 감염증으로 죽을 일이 없어진 게 성공인 거지. 여성들이 출산 중에 사망하는 일이 드물어진 것도 마찬가지야. 1900년에는 1,000명 중 거의 1퍼센트인 약 8명이 출산 중에 사망했어. 지금은 그 숫자가 10만 명 중에 약 8명이야. 출산이 100년 전보다 100배나 안전해진 거지. 그게 돈과 상관이 있을까? 아동사망률도 마찬가지야. 1900년에는 10명의 아기 중 1명이 생후 1년 안에 죽었어. 지금은 100명 중 1명 미만이지. 10배나 개선된 거야. 소아마비를 박멸하고, 노동시간을 줄이는 게 성공이야. 가족과 함께 시간을 보내고, 그림 그리기나 기타 연주를 배울 은퇴 기간을 늘리는 게 성공이야. 고통을 줄이는 것도 성공이야. 1900년 에 이빨을 뽑아야 한다고 생각해 봐. 또한 1900년에는 약 6,000권 의 책이 출간됐어. 지금은 해마다 약 30만 권이 출간되지. 전기기 타, 아이폰, 인터넷, 전자레인지를 비롯한 온갖 새로운 물건이 나온 것도 성공이야. 항생제, 심박 조율기, 스케이트보드, 착향 치실, 인 공심장, 흑연 소재 테니스 라켓도 마찬가지야. 지금은 100년 전보 다 대단하고 귀중한 물건들이 훨씬 많아. 사소하고 하찮은 것들도 많지만 말이야. 우리의 부가 이 모든 일을 가능하게 만들어."

라몬이 물었다.

"그럼 사람들이 지금 그 많은 돈 덕분에 더 행복하다고 생각해 요? 온갖 장난감과 수세식 화장실 덕분에 1900년에 살던 사람들보 다 행복하다고 생각해요? 야외 변소를 써야 했던 사람들은 수세식 화장실을 간절하게 바라지 않았어요. 주어진 것에 익숙해지니까 요. 그들의 삶은 훨씬 더 의미 있었을지도 몰라요. 그때는 많은 사 람들이 농촌에서 일했다고 말씀하셨죠. 그들은 농작물이 자라는 모 습을 지켜봤어요. 그들은 땅 그리고 모든 것의 진정한 근원과 더 밀 접했어요. 마트에 가서 화학물질과 살충제가 가득한 식재료를 사서 먹는 게 아니라 실질적인 삶을 살았어요. 질이 다르다고 말씀하셨 죠? 그때는 많은 게 지금보다 나았어요. 음식은 분명히 더 나았어요. 더 몸에 좋았죠. 농촌에서는 다 집에서 빵을 만들어 먹었어요."

"하지만 커피는 지금보다 훨씬 못했을 거야. 스타벅스가 없는 삶보다 궁핍한 삶을 상상할 수 있어?"

"스타벅스요? 그 회사는…."

"농담이야, 라몬. 진정해. 식재료를 직접 재배하는 건 좋지만 흉년이 들면 땅과 가깝게 사는 게 그다지 좋을 것 같진 않아. 네 말도 일리는 있어. 돈이 사람을 행복하게 해주는 건 아냐. 1900년의 가난한 사람들도 2000년의 부자들만큼 즐거운 삶을 살 수 있었을 거야. 그렇긴 해도 가난해지려고 과거로 돌아가려는 사람은 없을 거야. 반대로 1900년의 평범한 사람들, 심지어 부자들도 분명 2000년으로 와서 살고 싶어할 거야. 비록 우리가 땅과 멀어져서 인공적인 삶을 살고 있는 것처럼 보이기는 하지만 말이야."

"교수님 말이 맞다고 해도 1900년의 가난한 사람들이 오늘날의 더 부유한 세계로 오면 부에 대한 모든 희망이 착각이었다는 걸 곧 깨달을 거예요. 과거와 같은 어려움, 스트레스, 좌절을 겪을 테니까요."

"그럴지도 모르지. 하지만 사람들은 더 나은 자신을 원해. 더 많은 것을 원해. 더 많은 장난감, 더 많은 차, 더 많은 냉장고, 더 많은 아이폰, 더 많은 사랑, 더 많은 정의, 더 깨끗한 공기, 더 많은 안전을 원해. 그 욕구 중 일부는 네가 말한 대로 착각이야. 더 많은 걸 가져도 만족감을 느낄 수 없어. 윔블던에서 첫 우승을 하고 나면 잘 알게 될 거야. 너무나 간절히 원하는 일이라서 분명 성공에 대한 욕구를 부분적으로는 만족시킬 수 있겠지. 윔블던 우승이라니! 하지만 시간이 지나면 지금처럼 배가 고프고 불만스러워질 거야. 그래도 더 많은 것에 대한 욕구, 배고픔은 탁월성으로 이어져. 용기와 희생 그리고 실망이나 패배에 굴하지 않는 끈기로 이어져. 모두 우리를 인간답게 만드는 중요한 요소들이지."

"하지만 체제는 온갖 부적절한 방식으로 그 욕구를 충족시켜요. 사회적 압력과 광고, 실현되지 않는 약속으로 그 욕구를 자극하죠. 차라리 그 욕구를 충족할 기회가 줄어들면 더 나은 세상이 되지 않을까요? 그 욕구가 자유롭게 날뛰지 못하도록 만들면 어떨까요? 물론 소득은 줄어들겠죠. 하지만 일을 덜하고, 더 많이 이야기하고 웃으며 살게 될지도 몰라요. 소득은 더욱 평등해지겠죠. 빈부격차가 줄어들 거예요. 사람들이 더 잘 어울려 살 거예요. 이웃과 더 가까워질 거예요."

"나도 웃고 이야기하는 게 좋아. 내가 지금 여기서 뭘 하고 있는 것 같니?" 라몬이 웃는 동안 루스는 이야기를 계속했다. "오직 바보들만 최대한 돈을 많이 벌 궁리를 하며 살아가. 임종을 앞두고 일을 더 많이 하지 않았다고 후회하는 사람은 없다는 말도 있잖아. 하지만 나는 부자와 가난한 사람의 격차보다 지금의 가난한 사람과 과거의 가난한 사람의 격차가 더 중요하다고 생각해."

"무슨 뜻이에요?"

"여기 스탠퍼드에서 부유한 후원자가 최저임금보다 조금 높은 급여를 받는 웨이터의 시중을 받으며 저녁을 먹는다고 가정해 봐. 후원자는 전용기가 있을지 모르지만 웨이터도 살면서 이코노미석이기는 하지만 대개 비행기를 타. 또한 후원자는 기사가 모는 고급차를 타고 왔겠지만 웨이터의 혼다 시빅도 그만큼 조용하고 편안해. 또한 후원자는 1,000달러가 넘는 맞춤 양복을 입었지만 웨이터도 100퍼센트 모직에 멋진 양복을 살 수 있어. 또한 후원자는 아주 비싼 시계를 차고 있겠지. 하지만 웨이터가 찬 디지털 시계가 더 정확할 수도 있어. 웨이터가 후원자의 집에 잠시 들르지 않는 한 자신의 소득이 훨씬 낮다고 느낄 일은 없어. 반면 1900년에는 부자들은 마차를 타고 다녔고, 가난한 사람들은 걸어 다녔어. 또한 부자들은 좋은 옷을 입었고, 가난한 사람들은 거친 천으로 만든 조잡한 옷을 입었어. 또한 부자들은 배불리 먹었고, 가난한 사람들은 종종 굶주렸어. 또한 부자들은 하인을 부렸지만 가난한 사람들은 보잘것없는 옷을 빨래판으로 빨아 입었고, 매일 몇 시간씩 밥을 지었어. 지금은 거의 절반에 가까운 사람들이 자기 집을 갖고 있어. 절반이 넘는 사람들이 차나 트럭을 갖고 있어. 그들은 부드러운 무명과 모직으로 만든 옷을 입고 하인을 부려."

"하인요? 그게 무슨 말이에요?"

"지금은 빈곤층 가구의 거의 3분의 2가 세탁기를 갖고 있어. 절반 이상은 건조기를 갖고 있어. 3분의 1은 식기세척기를 갖고 있어. 이런 기계들이 하인과 같은 일을 하는 것 아냐? 오히려 하인보다 일을 더 잘하지. 모든 빈곤층 가구 중 4분의 3은 에어컨을 갖고 있어. 1970년에는 그 비중이 전체 가구 중 절반도 채 되지 않았지. 맞아. 현재 최상위층은 10년이나 20년 전 혹은 50년이나 100년 전의 최상위층보다 더 많은 돈을 벌고 있어. 하지만 나머지 사람들도 마찬가지야. 모두의 생활수준이 두 배로 높아지면 불평등은 여전하지만 과거보다 나아진 건 분명해. 대다수 사람들은 다른 사람을 앞지르는 것보다 그냥 더 나은 삶을 살고 싶어해. 그리고 아이들은 자기보다 나은 삶을 살기를 바라지. 그런 기준에서 보면 미국은 여전히 기회의 땅이야. 너의 뿌리를 봐. 쿠바를 봐."

"쿠바는 미국처럼 잘 살지 못해요. 그건 인정해요. 하지만 거기는 더 공정한 사회예요. 빌 게이츠나 다른 사람들을 등쳐서 먹고사는 월가 사람들이 없어요."

"그들이 다른 사람들을 등쳐서 먹고산다고 생각지 않아. 또한 빌 게이츠는 없지만 카스트로가 있잖아. 그 사람도 아마 재산이 많을 걸. 측근들도 분명 아주 돈을 많이 벌 거고."

"하지만 의료와 교육이 무료잖아요. 문식률도 여기보다 높아요."

"그걸로 독재 체제에서 사는 걸 만회할 수 있다는 거야?"

"독재 체제를 변호하는 건 아니에요. 여러 친척들한테 들은 이야기가 많아요. 하지만 교수님은 미국 사람들이 쿠바 사람들보다 분명히 더 행복하다고 믿는 것 같네요."

"사실 쿠바 사람들이 얼마나 행복한지 잘 몰라. 미국 사람들의

경우도 마찬가지야. 미국은 큰 나라야. 하지만 내가 확실하게 아는
게 딱 하나 있어."

"뭔데요?"

"사람들이 한 나라로만 옮겨간다는 거야. 미국으로 말이야. 누구
도 노동자의 천국에 가려고 남쪽으로 헤엄치지 않아. 혼란스럽지
않니? 우리는 미국에서 가난한 사람들이 끔찍한 대우를 받는다는
이야기를 항상 들어. 하지만 멕시코와 쿠바의 가난한 사람들은 목
숨을 걸고 여기서 가난해지려고 해. 죽을 수도 있는데! 그건 멕시코
나 쿠바에서는 평생 가난할 가능성이 높다는 걸 알기 때문이야. 물
론 아이들도 가난하게 살겠지. 하지만 미국에서는 가난이 종신형이
아냐. 사람들은 무일푼으로 미국에 오지만 아이들은 더 나은 삶을
살아."

"엄마하고 같은 말을 하시네요. 카스트로는 사악하고 미국은 모
든 것이 완벽하다는 식이죠."

"네 어머니가 살아 있는 증거야. 아무것도 없이 여기로 오셨잖
아. 그런데 그 아들은 선택하기만 하면 모든 것을 가질 수 있어. 미
국에서는 더 나은 삶을 살 수 있다는 어머니의 생각이 착각이라는
거니? 물론 미국이 낙원은 아니라는 데 동의해. 하지만 네 어머니
가 쿠바에서 계속 살았을 경우보다 이곳에서 더 많은 만족을 얻었
다고 생각지 않아?"

"하지만 쿠바에서 우리가 살던 동네는 좋은 곳이었어요. 엄마도

거기서는 친구들이 많았고, 살기 편했다고 말했어요. 아이들은 마음껏 뛰어다니며 종일 안전하게 놀 수 있었어요. 여기와는 다르죠. 물론 좋은 차나 화려한 음식 같은 건 없었을 거예요. 그래도 사람들은 서로 가깝게 지냈고, 누구도 돈을 더 벌기 위한 경주에서 다른 사람들에게 지고 있다고 느끼지 않았어요. 마이애미는 달라요. 엄마는 그곳에 대한 자긍심이 없어요. 오히려 항상 범죄를 걱정하죠. 게다가 엄마는 가정부로 일한다고요!"

"알아. 막다른 골목처럼 보이겠지. 하지만 네가 그녀에게는 탈출구야. 나는 네가 앞으로 잘될 거라고 생각해. 다만 너는 여러 측면에서 다른 이민 2세대와 다르지 않아. 네 어머니보다 편한 삶을 살게 될 거야."

"좋은 일이네요. 부담을 주려는 건 아니지만 엄마의 삶을 의미 있게 만드는 건 제게 달렸다는 거잖아요. 감사합니다."

"진정해. 넌 이미 엄마를 잘 보살피고 있어. 스탠퍼드도 졸업할 거고. 무려 스탠퍼드를! 그런데 죄책감을 느끼니? 아바나의 좋은 동네에서 계속 살지 않는 게 엄마의 잘못이라고 생각해?"

라몬은 아무 말도 하지 않았다.

"그건 그녀의 선택이었어!" 루스는 말을 계속 이어나갔다. "그녀가 결정한 거야. 주사위를 굴린 거라고. 우리 어머니도 그랬어. 그녀는 무일푼으로 폴란드에서 뉴욕으로 왔어. 재봉사로 일했지. 끔찍하고 지겨운 일이었어. 물론 어머니는 고국에 대해 낭만적인 이야기를 해. 하지만 네 어머니처럼 우리 어머니도 나쁜 부분을 편집했을 거야. 어머니가 여기서 접한 현실도 모두 알려진 것처럼 좋지만은 않았지. 힘든 시기도 많았을 거야. 하지만 우리 어머니와 네 어머니는 여기로 와서 힘든 시기를 견뎌냈어. 과거와 다른 목표를 바라보며 다른 꿈을 꾸었으니까. 나와 너를 위한 꿈 말이야. 그 꿈은 이뤄졌어."

"꿈의 나라라고요? 교수님과 저한테는 좋았죠. 하지만 다른 많은 사람들에게는 악몽이에요. 가끔은 우리 모두가 '가장 많은 장난감을 가진 사람이 이기는' 게임에 갇혀 있다는 생각이 들어요."

"부분적으로는 네 주장에 동의해. 돈이 모든 건 아냐. 하지만 누가 갇혀 있다는 거야? 너는 불과 5분 전에 우리 세대처럼 돈을 숭배하지 않을 거라고 말했잖아. 내 생각에 너는 우리 세대를 오해한 것 같아. 하지만 네 말이 옳다면 넌 더 많은 힘을 갖고 있어. 왕처럼 살 자유가 있어. 역사상 어떤 왕보다 더 잘 살 수 있어. 반대로 모든 걸 나눠주고 수도승처럼 살 자유도 있어. 미국과 쿠바의 차이점은 미국에서는 자유롭게 선택할 수 있다는 거야. 쿠바에서는 어쩔 수 없이 수도승처럼 살아야 해. 게다가 죽으면 행복하기가 정말로 힘들어."

"그 말은 반박하기 어렵네요. 무슨 뜻이에요?"

"유아사망률 말이야. 지난 100년 동안 훨씬 낮아졌지. 산재사망 건수도 급감했어. 반면 기대수명은 대체로 크게 늘었지. 이런 건 표면적인 변화일 뿐이야. 아마 넌 100살 넘게 살 수 있을 기야. 어쩌면 200살까지 살 수 있을지도 몰라. 그것도 마지막 110년을 의자에 앉아서 아무것도 기억하지 못한 채 멍한 얼굴로 보내는 게 아냐. 노인들이 누리는 삶의 질이 계속 좋아지고 있어. 지금도 더 나아지고 있어. 그게 진정한 부라고 말할 수 있지."

"좋아요. 동의하지 않을 수 없네요. 저도 오래 사는 게 좋아요. 아이폰을 좋아하는 것도 인정해요."

루스는 물었다.

"그럼 어떻게 이런 일들이 생겼을까? 어떻게 우리가 여기까지 왔을까? 어떻게 우리의 삶이 이토록 크게 변했을까?"

라몬이 대답하지 않자 루스는 말을 이어나갔다. "역사상 최대의 경제적 혁명이 일어난 미국에서 사람들이 왜 자기가 더 잘 살게 되었는지 모른다는 게 이상하지 않아? 황금알을 낳는 거위가 있다면 건강 상태를 조금은 이해하고 싶지 않을까? 그러니까 시나이 사막에서 살며 신에게 생존을 의지한다면 문제가 다르지. 매일 아침 신선한 음식이 생기는 이유를 궁금해 할 필요가 없을지 몰라. 하지만 우리가 가진 부를 보존하고 이 믿을 수 없는 경제적 성공을 지속하고 싶다면 경제가 작동하는 원리를 알아야 하지 않을까?"

라몬은 루스 교수가 자신과 이야기를 나누려는 이유를 오해한 것은 아닌지 의심하기 시작했다. 처음에는 그녀가 계속 영향력을 행사하려고 그러는 것인 줄 알았다. 헤비 웨더를 멀리하라고 경고한 데 속셈이 있었다고 인정한 후에도 자신에 대한 호감을 유지하려고 말이다. 하지만 사실은 해안으로 밀려나온 불가사리들을 다시 바다로 던져 넣는 사람과 같은 일을 하고 있는 것인지도 몰랐다. 누군가는 그 사람에게 시간 낭비일 뿐이라고 말한다. 해안으로 밀려나온 불가사리들이 너무나 많은 데 몇 마리를 살린다고 해서 무슨 차이가 있느냐는 것이다. 그 사람은 다시 한 마리를 바다로 던져 넣으며 "이건 살릴 수 있잖아요"라고 말한다. 어쩌면 루스 교수에게는 라몬이 그런 불가사리인지도 몰랐다. 경제학에 대해 올바로 가르칠 수 있는 또 한 명의 학생 말이다. 하지만 대단히 헛된 일처럼 보였다. 왜 굳이 애를 쓸까? 어쩌면 집착일 수도 있었다. 에이미는 루스 교수가 학생들을 가르치는 일에 대단히 열정적이라고 말했다.

라몬이 물었다.

"그래서 답이 뭐예요? 어떻게 우리는 여기까지 왔어요?"

"간단한 예를 하나 들어보자. 1900년에 교사가 달걀 한 판을 사려면 1시간을 일해야 했어. 지금은 약 3분만 일하면 돼. 달걀 가격이 20배나 떨어진 거지. 어떻게 과거에는 달걀 한 판을 사기 위해 1시간을 일해야 했는데 지금은 3분만 일하면 되는 변화가 일어났을까?"

"달걀이 싸져서 교사들의 삶이 더 나아졌다는 건가요?"

"현재 평균적인 사람들이 누리는 삶의 질이 1900년보다 10배 혹은 20배 높아졌다는 건 그들이 모든 걸 10배 혹은 20배 더 많이 살 수 있다는 뜻이야. 달걀이 저렴해진 건 대다수 상품과 서비스에 일어난 변화를 말해주는 한 사례일 뿐이야. 이제는 필요한 물건을 사기 위해 이전처럼 오래 일할 필요가 없어."

"그럼 왜 달걀을 예로 든 거예요?"

"현재의 달걀은 1900년의 달걀과 크게 다르지 않아. 혈반이 더 적어지고 노른자가 더 커졌을 수는 있지. 하지만 휴대용 오디오 플레이어만큼 많이 바뀌진 않았어. 지금의 달걀은 과거의 달걀과 아주 비슷해. 강의 기술도 크게 변하지 않았지. 그러면 교사들은 어떻게 더 저렴한 달걀을 얻게 되었을까?"

"지금 교사들은 1900년보다 돈을 많이 받지 않나요?"

"맞아. 달걀도 더 비싸지. 하지만 급여 인상률이 아주 높아서 달걀의 실질 가격이 20배 정도로 낮아졌어. 지금 교사는 더 높은 생활수준을 누려. 어떻게 그렇게 되었을까?"

"1900년에는 착취당했지만 지금은 노조가 있잖아요."

"노조가 관련이 있을지 모르지. 하지만 대부분의 계산에서 지난 100년 동안 실질적인 생활수준이 크게 높아진 이유를 설명하는 데 아주 중요한 요소는 아냐. 지난 50년 동안 노조의 중요성이 갈수록 줄어드는 동안에도 급여는 크게 올랐어. 계속 상승세였지. 19세기에는 노조가 없었는데도 평균적인 미국인의 생활수준이 꾸준하게 높아졌어. 다른 요소가 작용한 게 틀림없어."

"하지만 노조 말고 노동자들이 착취당하지 않도록 해주는 게 뭐가 있죠?"

"노동자들에게는 선택권이 있어. 일할 곳은 많아. 좋은 직원들을 오게 하려면 대우를 잘 해줘야 해. 네 어머니를 봐. 그녀가 가정부 일로 얼마나 번다고 생각해?"

"별로 못 벌어요. 테니스 레슨비가 얼마나 되는지 아세요? 말도 안 되게 비싸요. 제가 테니스 프로에게 1시간 동안 배우려면 엄마 가 변기를 몇 개나 청소해야 하는지 아세요? 그게 제게는 구매력의 척도예요. 저의 척도는 교수님의 척도처럼 질을 감안하지 않아요. 돈을 벌기 위해 엄마는 마루나 변기를 닦아야 하지만 테니스 프로 는 라켓을 휘두르며 말만 하면 돼요. 심지어 허리를 굽혀서 공을 주 울 필요도 없어요! 그 일을 하는 사람이 따로 있거든요. 이런 상황 은 문제가 있어요."

"당연히 네 어머니는 돈을 더 받을 자격이 있어. 하지만 어떻게 그런 변화를 이룰 수 있을까? 나는 네가 도우려는 사람들에게 손해 를 입히지 않고는 가정부의 급여를 올릴 방법을 모르겠어."

"무슨 뜻이에요?"

"가정부들이 돈을 더 받을 자격이 있다는 이유로 최저임금을 특 별히 인상하면 사람들이 가정부를 고용하지 않으려 할 거야. 최고 의 가정부는 여전히 일자리를 얻겠지. 하지만 비용이 너무 많이 들 면 가정부를 고용하지 않는 사람들이 많을 거야. 임금 인상은 그다 지 사려 깊은 방법이 아닌 것 같아."

"최저임금이 문제가 아니에요. 체제 전반에 결함이 있어요. 정의가 없어요."

"잠깐만. 네 말대로 가정부들이 착취당하고 있다면 왜 더 착취당하지 않을까? 가정부들은 도시에 따라 시간당 10달러에서 20달러를 벌어. 그럼 왜 사람들은 시간당 10달러씩이나 지불하는 걸까? 최저임금의 거의 2배나 되는 데 말이야. 대도시에서는 3배, 4배도 줘. 그렇다고 노조가 있는 것도 아냐. 게다가 아무런 규제를 받지 않고 현금으로 거래가 이뤄져. 왜 사람들이 돈을 덜 주지 않을까?"

"죄책감 때문일까요?"

"그럴 가능성은 있지. 하지만 양심적인 사람이 그렇게 많을까? 나는 생각이 달라. 사람들은 어쩔 수 없으니까 가정부에게 최저임금보다 많은 돈을 줘."

"규제를 받지 않는다고 말씀하셨잖아요."

"미안. 단어 선택이 잘못됐어. 내 말은 집 청소를 다른 사람에게 시키고 싶으면 최저임금보다 많이 줘야 한다는 거야. 그렇지 않으면 아무도 하지 않으려고 해. 가정부들에게는 대안이 있어. 어디 갇혀 있는 게 아니잖아. 물론 스탠퍼드 학생들만큼 자유롭지 못한 건 사실이야. 하지만 상류층의 자비를 구해야 하는 것도 아냐. 1900년에는 가정부가 1년에 240달러 정도를 받고 하루 12시간씩 주 6일을 일했어. 시간당 약 7센트를 번 거지. 1900년에 달걀 한 판은 20센트였어. 그때는 가정부가 달걀 한 판을 사려면 약 3시간을 일해야 했지. 지금은 시간당 10달러를 버는 가정부는 약 1달러에 달걀 한 판을 살 수 있어. 6분만 일하면 되는 거지! 그러니까 가정부의 입장에서는 달걀이 100년 전보다 30배나 싸진 거야. 어떻게 그렇게 되었을까? 노조 때문은 아냐. 가정부 노조는 없어. 100년 전에도 그랬고. 청소 기술 혹은 같은 맥락에서 강의 기술은 크게 변하지 않았어. 청소는 그냥 걸레, 빗자루, 비누만 있으면 돼. 진공청소기는 도움이 되지만 청소는 여전히 주로 육체노동이야. 강의도 교실 앞에 서서 말하고, 걸어 다니고, 종이와 책을 활용하면 돼.”

“그렇다면 변화는 양계 분야에서 일어난 것이겠네요.”

“그런 것 같지. 하지만 양계 분야가 변할 구석이 있을까? 달걀을 생산하는 방식은 닭이 탄생한 이래 바뀌지 않았어. 모두 닭의 몸 안에서 만들어지지. 그걸 개선하는 방법이 있을까? 닭에게 사료를 주면 닭이 달걀을 낳아. 그럼 그걸 모아서 파는 거야.”

“품종을 개량할 수 있죠. 어떤 사료가 가장 효과가 좋은지 연구할 수도 있고요. 분명 생산성을 높이는 방법이 있을 거예요.”

“당연히 있지. 하지만 가장 큰 변화는 노동자들의 생산성을 높이는 방법을 파악한 것이었어.”

“노동자들요?”

“그래. 닭들은 달걀을 낳아. 하지만 양계장에서 우리의 냉장고까지 달걀을 옮기는 건 사람들이 해. 사람들이 닭들을 키우고, 달걀을 모으고, 상자에 담지. 지금 양계장이 어떻게 운영되는지 봐. 두 명이 1년에 2억 4,000만 개의 달걀을 낳는 80만 마리의 닭을 키워. 무려 2억 4,000만 개야! 상상이 돼? 노동자 한 명이 1년에 1억 2,000만 개의 달걀을 생산하는 셈이지."

"양계장이 엄청나게 크겠네요."

"맞아. 이제 내가 너한테 이런 과제를 준다고 가정해 봐. 바로 1년 동안 2억 4,000만 개의 달걀을 공급해 달라는 거야. 대신 닭들과 사료, 심지어 닭들을 건강하게 키우기 위한 약품까지 내가 제공해. 또한 너는 친구에게 도움을 요청할 수 있어. 너와 친구가 1년 동안 2억 4,000만 개의 달걀을 생산할 방법을 찾아야 해. 아주 어렵진 않을 거야. 300만 마리의 닭만 관리하면 되니까."

"잠깐만요. 아까는 닭이 80만 마리만 있으면 된다면서요."

"그건 완벽하게 조정된 식단, 물, 온도, 다른 모든 것이 갖춰진 상태에서 건강하게 자라는 경우를 가정한 거지. 너는 현대적인 양계 기술을 활용할 수 없어. 1900년과 같은 방식, 대체로 지금 제3세계와 같은 방식으로 닭들을 길러야 해. 그래서 4배나 많은 닭이 필요하지. 대신 내가 닭들이 돌아다니고 알을 낳을 넓은 양계장을 제공할게. 아주 넓은 곳이야. 너와 친구는 거기서 기대에 찬 표정을 짓고 있는 300만 마리의 새로운 친구들을 보살피면 돼. 눈길이 닿는 모든 곳에는 닭들이 있지. 닭들은 배가 고프고 목이 말라. 게다가 서로 싸우지. 소음만 해도 엄청날 거야. 네가 직면할 또 다른 어려움을 말해줄게. 1년에 2억 4,000만 개의 달걀을 공급하려면 매일 약 65만 개의 달걀을 모아야 해. 아주 많아 보이지 않아?"

"네."

"아주 많지. 1초마다 한 손에 2개씩 4개를 줍는다고 해도 말이야. 게다가 달걀을 상자에 담아야 하니까 쉽지 않을 거야. 상자에 담는 시간이 1초에 4개씩 달걀을 줍는 시간을 잡아먹으니까. 어떻게든 그 속도를 유지한다고 해도 65만 개를 모으려면 46시간이 필요해. 46시간. 그래도 괜찮아. 동료가 있잖아. 두 사람이 달걀 줍는 일을 나누면 돼. 각자 23시간만 일하면 되지. 그러면 1시간 내내 먹고, 자고, 장부를 관리할 수 있어. 맞다. 그 시간에 사료를 먹이고, 질병을 예방하고, 죽은 닭을 치우는 일도 해야 해."

"쉽지 않은 일이겠네요. 그럼 지금은 어떻게 두 명이 그렇게 할 수 있죠?"

"과거에는, 그러니까 100년 전만 해도 닭들을 방목했어. 그래서 달걀을 일일이 찾아내야 했지. 그러다가 누군가가 양계장에 대한 아이디어를 떠올렸어. 닭들을 모아놓으면 최소한 달걀이 있는지 뒤져야 할 곳이 줄어드니까. 그 다음에는 닭들을 닭장에 넣어서 더 쉽게 달걀을 찾게 되었고, 닭들이 싸우다가 서로를 죽이거나 질병을 전파할 가능성을 줄였어. 그 다음에는 닭장을 지하로 옮겨서 서늘한 온도를 유지했지. 또한 닭장을 기울여서 중력을 이용하여 사료와 물을 공급했어. 기계화는 인건비를 줄였고, 사료 공급과 환기의 안정성을 높였어. 또한 형광등을 활용하고 사료 공급 방식을 개선하여 달걀 생산량을 늘렸지. 배설물은 비료로 활용했어. 심지어 닭들에게 콘택트렌즈를 끼우는 방법까지 시도했어."

"설마요."

"정말이야. 붉은 빛이 달걀 생산량을 늘려주거든. 그래서 장밋빛 유리로 된 일종의 콘택트렌즈를 닭들에게 끼웠지. 놀랍지 않아?"

"놀랍네요. 닭들이 힘들겠어요. 부리까지 자른다는 이야기를 어디서 읽은 적이 있어요. 부리가 잘린 채 닭장에 갇히는 거죠. 완전히 달걀을 낳는 죄수 신세네요."

"아마 보기 좋지는 않을 거야. 마음이 불편해?"

"네."

"시장은 그런 불편까지 맞춰줘. 웃돈을 지불할 용의가 있다면 방목한 닭들이 낳은 달걀을 살 수 있어. 하지만 닭들의 삶을 낭만적으로 볼 필요는 없어. 사람들은 방목이라고 하면 〈사운드 오브 뮤직〉에서 노래하며 초원을 거니는 줄리 앤드류스 같은 모습을 상상해. 닭들이 자유롭게 농장을 돌아다니는 광경을 그리지. 하지만 정말로 자유롭게 방목되는 닭들은 밤에 코요테의 습격을 걱정해야 하고, 벼룩이 옮긴 질병으로 죽어. 사람도 대가를 치러. 제3세계에서는 닭들이 대개 1년에 80개의 달걀을 낳아. 일주일에 1개보다 약간 많은 수준이지. 반면 미국에서 사육되는 닭들은 거의 하루에 1개꼴로 1년에 300여 개의 달걀을 낳아. 만약 너나 너의 아이가 굶어 죽을 지경이라면 가난한 농부의 뒷마당을 돌아다니며 일주일에 1개만 달걀을 낳는 자존감 높은 제3세계의 닭보다 죄수처럼 갇힌 채 억압받지만 거의 매일 달걀을 낳는 생산성 높은 미국의 닭을 원할 거야."

"맞아요."

"여기서 수수께끼가 나와. 달걀을 더 저렴하게 생산하는 방법에 대한 모든 지식은 어떻게 만들어졌을까? 양계 농민들은 왜 달걀을 더 효율적으로 생산하는 방법을 찾으려 했을까?"

"간단한 것 같은데요. 비용을 낮추면 이익이 늘잖아요. 경제학 강의에서 들은 기억이 나요."

"거기에 아주 큰 오류 중 하나가 있어."

"무슨 말씀이에요? 비용을 낮춰도 이익이 늘지 않는다는 건가요?"

"그게 오류라는 거야. 이걸 명심하면 아주 훌륭한 경제학자가 될 수 있어. 이익의 정의가 뭐지?"

"매출에서 비용을 뺀 거요."

"맞아. 비용이 줄면 이익이 늘어야 하지. 매출에서 빼는 금액이 줄면 이익이 늘어나는 거야."

"교수님, 제가 수학을 아주 잘하는 건 아니지만 그 정도는 알아요. 요점이 뭔가요?"

"너는 이익이 늘어난다는 결론을 내릴 때 암묵적 가정을 하고 있어. 매출이 일정하다는 가정 말이야."

"맞아요. 그래서요? 비용을 줄이면 이익이 늘어나요. 여전히 그게 맞다고 생각해요. 제가 놓친 게 있나요?"

"그래. 비용과 매출의 관계를 놓치고 있어. 거기에는 두 가지 연관성이 있어. 하나는 명백하지만 다른 하나는 숨겨져 있어. 비용을 줄이는 방법은 두 가지야. 하나는 제품을 간소하게 만들고 품질을 낮추는 거야. 질 낮은 원료를 쓰고, 품질검사 기준을 낮추고, 비용이 들어가는 기능을 줄이는 거지. 그러면 제품이 투박해져서 가격을 낮춰야 해. 그래도 판매량이 줄어들 가능성이 높아. 즉, 비용을 줄이면 매출도 줄어드는 거야. 이득의 증감은 비용 절감폭이 매출 감소폭을 상쇄하고도 남을 만큼 큰지에 좌우돼. 이런 식으로 비용을 줄이다가는 망할 수도 있어."

"하지만 우리가 말하는 비용 절감은 그런 게 아니에요. 우리가 말하는 건 농민을 위해 달걀을 생산하는 비용을 낮추면서도 소비자를 위해 품질을 유지하는 혁신이에요. 그러면 이익이 당연히 늘어나죠."

"혁신을 처음 일으키거나 초기에 받아들인 농민의 경우는 그렇겠지. 분명 돈을 더 벌 거야. 한동안 상당한 돈을 벌 수도 있어. 하지만 다른 농민들이 혁신을 모방하면 달걀 가격이 내려가고, 이익도 줄어들 거야. 공급은 넘치는 데 수요가 부족한 상황이 되는 건 시간문제야. 그러면 이익이 급감하지."

"왜 시장에 달걀이 넘치게 되는데요?"

"초기 이익을 보고 많은 사람들이 부자가 되려고 양계 사업에 뛰어들 테니까."

"하지만 그걸 사람들이 어떻게 알아요? 지금 양계 사업이 세상에서 가장 많은 이익을 올리는 사업일지도 몰라요. 그걸 제가 어떻게 알죠? 렉서스나 BMW를 모는 양계 농민들의 사진이 가득한 〈에그 파머스 가제트(Egg Farmers Gazette)〉 같을 걸 읽는 것도 아니잖아요. 그 점이 경제학에서 이해할 수 없는 것 중 하나예요. 교수님은 이익이 사람들을 부추긴다고 말하죠. 하지만 그건 모두가 관심을 기울인다는 걸 가정하는 말이에요. 대다수 사람들은 그러지 않아요."

"모두가 관심을 기울일 필요는 없어. 아무도 관심을 기울이지 않아도 달걀 가격은 떨어져. 공급량이 늘어나니까."

"어떻게요?"

"우선 양계 사업을 하는 모든 농민이 이전보다 돈을 더 벌 거야. 그러면 일부 혹은 모두가 규모를 늘리겠지. 마리수를 늘리고 싶어 할 거야. 돈을 더 벌기 위해서 말이야. 규모가 커지면 이전보다 더 많은 달걀이 시장에 나와서 가격이 떨어질 거야."

"그러면 황금알을 낳는 거위를 죽이는 꼴 아닌가요? 모두가 규모를 키우는 바람에 달걀 가격이 떨어지면 생각했던 만큼 돈을 벌지 못하잖아요. 그러니까 현재 수준에 만족하고 규모를 키우면 안 돼요."

"좋은 생각이야. 하지만 양계 농민들에게는 불행하고, 달걀 소비

128

자들에게는 다행인 점은 모두가 규모를 키우지 못하도록 막는 게 거의 불가능하다는 거야. 자기는 가만히 있는데 다른 농민들은 규모를 키울지 모른다는 불안이 항상 존재해. 그러면 어차피 가격이 떨어져서 현재 수준에 만족하기는커녕 훨씬 적은 이익에 만족해야 해. 그래서 모두가 덩달아 규모를 키우는 거지. 모든 양계 농민이 규모를 키우지 않는데 동의한다 해도, 모두가 그 약속을 지킬 것임을 확실하게 안다고 해도 양계 사업에 뛰어들려는 다른 사람들이 있어."

"아까도 물었지만 어떻게 그들이 양계 사업에 아주 좋은 기회가 있다는 걸 알아요? 양계 농민들이 소문을 퍼트리진 않을 거잖아요. 오히려 외부로 알려지지 않길 바라죠."

"하지만 그 모든 걸 아는 사람들이 너무 많아. 그들은 너나 나와 달리 그 지식을 토대로 뭔가 일을 벌일 가능성이 높은 사람들이지. 그들은 양계장에서 일하거나, 양계 사업과 관련된 일을 하는 사람들이야. 사료와 물을 공급하는 비용을 줄이기 위해 지하에 경사진 닭장을 설치하는 사람들을 예로 들어보자. 그들은 달걀을 얻는 새로운 방식에 대해 모든 걸 알아. 또한 일거리를 더 확보하려고 혁신에 대한 말을 퍼트리고 싶어하지."

"모르겠어요. 기업들은 돈을 버는 방법을 아주 잘 찾아내는 것 같아요."

"당연하지. 지난 100년을 봐. 달걀을 식탁까지 올리는 방식에 혁명이 일어났어. 농민들은 창의성을 발휘하여 달걀을 생산하는 새롭고 저렴한 방식을 찾아냈어. 어떤 통찰은 농민들이 주도한 게 아니라 정부가 지원한 연구를 통해 나오기도 했지. 흥미로운 점은 이런 통찰과 생산성 향상을 통한 이득을 얻는 사람이 누구인가에 있어. 농민들이 아냐. 바로 우리지. 달걀을 먹는 우리 말이야. 달걀 가격은 20배 내지 30배나 떨어졌어. 양계 농민들은 비용 절감분을 가격 인하라는 형태로 소비자에게 넘겨주고 싶어하지 않았어. 누구나 그런 것처럼 거기서 나오는 이득을 자기들이 취하고 싶어했지. 하지만 시장이 그렇게 하도록 놔두지 않았어. 양계 농민들 사이의 경쟁이 가격을 낮췄고, 농민들이 대다수 이득을 소비자에게 넘기도록 강제했어. 이제야 빅박스 같은 기업이 온갖 이득을 취하는 데도 내가 밤에 편히 잘 수 있는 이유를 말할 수 있겠네. 경제학 강의에서 수급곡선에 대해 배웠지?"

"네."

"그릴 수 있어?"

루스가 물었다.

"몇 학기 전이지만 배우긴 했어요."

"그럼 그려 봐."

루스는 가방에서 공책과 펜을 꺼내 라몬에게 건넸다. 라몬은 서로 교차하는 공급곡선과 수요곡선을 그렸다.

"잘했어. 모든 경제학자들도 그렇게 그려. 무슨 글자처럼 보여?"

"X요."

"맞아. 두 개의 대각선이 반대 방향으로 기울어진 채 중간에서 교차하지. 그러면 하나 물어볼게. 경제학에 따르면 어느 쪽이 우위에 있지? 공급이야 수요야? 판매자야 구매자야?"

"어느 쪽도 아니에요. 소위 완전경쟁(perfect competition) 하에서는요."

"맞아. 완전경쟁 하에서는 거래에 따른 이익, 소위 '거래 이익(gains from trade)'을 구매자와 판매자가 공유해. 구매자는 지불할 용의가 있는 최대 가격보다 낮은 가격을 지불하지. 판매자는 사업을 유지하는 데 필요한 최소 가격보다 높은 가격을 받아. 그러면 서로의 탐욕으로부터 양쪽을 보호하는 것은 무엇일까? 바로 경제학자들이 말하는 경쟁이야. 수급과 관련된 상황에서는 언제나 많은 판매자들이 있어. 구매자도 마찬가지지. 그래서 누구도 과도한 힘을 갖지 못해. 이제 우리가 쇼핑몰이나 영화관, 인기 레스토랑 혹은 공원에 가서 일반인, 그러니까 경제학자가 아닌 사람들에게 같은 질문을 한다고 가정해 봐. 즉 구매자와 판매자 중에 누가 우위에 있는지 묻는 거지. 그러면 어느 쪽이라고 대답할까?"

"판매자요."

"맞아. 대다수 사람들은 그렇게 생각해. 왜 그럴까? 경제학자들은 경쟁 때문에 판매자의 힘이 제한된다고 주장해. 반면 일반인들은 판매자가 우위에 있다고 생각해. 누가 옳을까?"

"양쪽 다 옳을 수 있어요. 완전경쟁은 이론에 불과한 것 아닌가요? 현실과 맞지 않아요."

"그럴지도 몰라. 그러면 하나 물어보자. 현실에서는 판매자가 우위에 있다고 치자. 반면 경제학 이론에서는 판매자와 구매자의 힘이 동일하다고 말하지. 그런데 왜 달걀 가격은 100년 전보다 20분의 1로 떨어졌을까? 100년 전에 달걀은 가난한 사람들에게 꽤 비쌌어. 네가 그때 살았다면 상황을 바꾸고 싶었을 거야. 가격을 내리기는 쉬웠겠지. 하지만 달걀을 더 저렴하게 생산하는 일은 훨씬 어려워."

"무슨 말인지 잘 모르겠어요."

"100년 전에는 가격 상한선을 정해서 달걀 가격을 낮추는 법을 만들 수 있었어. 하지만 그렇게 해도 제대로 가격을 낮추기는 어려웠을 거야. 100개의 달걀을 생산하는 데 필요한 사람의 수를 바꾸지는 못하니까. 사실 가격 상한선은 이익을 줄여서 양계 사업에 대한 의욕을 꺾었을 거야. 그래서 달걀은 저렴해졌지만 실제로 살 수 있는 사람은 아주 적었겠지. 우리는 가격 인하를 강제하지 않고도 저렴한 달걀을 얻게 되었어. 달걀만이 아냐. 지난 100년 동안 생산자들은 사실상 모든 것을 생산하는 비용을 낮추는 방법을 찾아냈어. 그 비용 절감분은 이익 증가의 형태로 공급자에게 남는 것이 아니라 가격 인하의 형태로 소비자에게 넘겨졌어. 어떻게 그런 일이 가능했을까? 왜 부유한 미국인이 아니라 일반적인 미국인은 100년 전보다 아마도 10배나 잘 살게 되었을까? 사실 20배나 30배일지도 몰라. 탐욕스런 기업 소유주와 기업계 거물들은 왜 그런 일이 일어나도록 놔뒀을까?"

"모르겠어요."

"기업 소유주와 거물 경영자들이 소비자들을 도우려는 인간적인 마음으로 그런 결정을 내렸을까?"

"그럴 리가요."

"그들이 경쟁우위를 잃고 유순해진 걸까?"

"그것도 아닌 것 같아요. 그러면 왜 그랬을까요?"

"지난 100년 동안 모든 기업과 경영자들은 더 많은 이익을 취하고 싶었을 거야. 하지만 경쟁이 이익을 나누게 만들었어. 그들은 누가 무엇을 얻는지 결정할 수 없어. 자기 회사만 이끌 뿐이지. 누구도 전체 시스템을 이끌지 못해. 가격은 자신을 위해 최선을 다하는 개인들의 행동에 따라 결정돼. 아이러니하게도 덕분에 소비자들은 탐욕스런 기업 소유주들이 가득한 세상에서 승자가 되었지."

"그러니까 일반인들은 틀렸고 경제학자들이 맞다는 건가요?"

"아냐. 경제학자들도 틀렸어. 그게 수급곡선이 시간의 경과에 따른 변화를 포착하는 수단이라는 의미라면 말이야. 수급곡선은 창의적 속임수 없이는 미국 경제의 모든 순간과 장소에 내재된 진정한 경쟁을 제대로 포착하지 못해. 거기에는 우월성을 위한 끝없는 노력이 빠져 있어. 시장은 판매자에게 우월성을 요구하고 비용을 낮추게 만들지. 비용 절감은 가격 인하로 이어지고, 가격 인하는 생활 수준 향상으로 이어지지."

"사람들이 알아서 방법을 찾아내기 때문에 모두가 더 부유해진 다는 거네요."

"그것만은 아냐."

루스는 시계를 바라보았다.

"회의가 있어. 미안해. 다음에 다시 이야기하자."

"그럼 오늘 밤에 봐요."

"오늘 밤?"

"학생들과 저녁을 드시지 않나요? 에이미가 저도 같이 가자고 했어요. 그래도 되죠?"

"당연하지."

루스는 말했다. 실제로 학생들에게 친구를 데려와도 된다고 말 해둔 터였다.

"어차피 너도 거기 올 자격이 있어. 이제 내 학생이니까."

루스는 윙크를 한 후 자리를 떴다.

chapter 8
묘지에서 보낸 밤

카스트로의 건강에 대한 소문이 고기 주위를 날아다니는 파리떼처럼 수도와 시골을 돌아다닌다. 수도에서는 모두가 예전부터 퍼트리던 소문이다. 그러나 이번에는 맞는 내용도 있다. 소문에 따르면 수많은 위기가 동시에 일어나고, 그때마다 그의 심장에 무리가 간다. 암에 걸려서 화학요법도 받고 있다. 폐에 염증이 생겨서 약물 치료도 받고 있다. 신장이 약해져서 기능을 제대로 하지 못하고 있다.

이렇게 문제가 많은데 정말로 건강을 회복할 가망이 있을까? 지도자의 몸은 빙판길을 달리는 차와 같아서 한 번 배수로 쪽으로 미끄러질 때마다 핸들을 급하게 돌리면 맞은편에서 오는 차들과 부딪힐 위험이 있다. 여러 의사들이 핸들에 손을 얹고 있다. 모두 차선을 유지하려고 애쓰지만 날이 점점 어두워지고 있다. 기적이나 저주가 없다면 사망은 시간문제다.

|

루스는 스탠퍼드 캠퍼스의 남쪽, 엘 카미노의 동쪽에 있는 조용한 동네에서 살았다. 그녀의 집은 크지도, 작지도 않았다. 중서부나

남부 중소 도시의 집값은 대략 25만 달러였다. 하지만 팰로앨토의 집값은 훨씬 비쌌다.

해마다 4학년 대상 세미나가 끝나면 루스는 학생들을 집으로 초대하여 저녁을 먹었다. 뒷마당에 하얀 나무의자들이 놓였다. 긴 테이블에는 구운 닭요리, 감자 샐러드, 코울슬로, 시금치 샐러드가 담긴 접시들이 올라왔다. 채식주의자를 위한 구운 채소와 두부 요리도 있었다. 작은 테이블에는 청량음료와 생수가 가득한 큰 아이스박스가 있었다.

루스는 학생과 손님들 사이를 돌아다니며 모두 편하게 마음껏 먹고 마시도록 배려했다. 그녀는 같이 따라온 친구들이 어색하지 않도록 특별히 신경 썼다.

밤이 깊어지자 사람들이 줄어들었다. 대화 소리가 더 조용해졌고, 곧 라몬과 에이미 그리고 몇 명의 다른 사람들만 남았다. 라몬은 시계를 보고 9시가 훌쩍 지났음을 알았다.

라몬이 말했다.

"가야 할 시간이야. 뒷정리를 도와주자."

루스는 "괜찮다"며 말렸다.

라몬은 그녀의 만류에도 불구하고 잔디밭에 흩어진 접이식 의자를 모으기 시작했다. 에이미는 남은 음식을 주방으로 가져갔다. 다른 사람들도 금세 동참했다. 몇 분 만에 모든 쓰레기와 음식들이 치워졌다.

남은 손님들은 마지막으로 루스와 포옹하며 졸업식 때 부모를 만나준다는 약속을 받아냈다. 곧 라몬과 에이미만 남았다. 문가에 서서 떠날 준비를 하던 라몬은 거실 너머로 책상 위에 전등이 켜져 있는 방을 보았다. 그는 거실을 가로질러 방으로 다가갔다. 한쪽 벽에 묵직한 오크 책상이 붙어 있었다. 구석에는 커다란 가죽 안락의자가 있었다.

루스가 라몬의 옆에 서며 말했다. 에이미가 뒤를 따랐다.

"남편의 서재야. 4년 전에 세상을 떠났지. 사당 같은 건 아냐. 대부분의 물건은 치웠어. 가구만 그대로 뒀지. 조명도 이렇게 켜두는 게 좋아."

책상 맞은편 벽에는 루스와 남편, 아이들, 손주들의 사진이 가득했다. 루스는 세인트루이스에 사는 손주들의 사진을 가리켰다. 에이미는 라몬에게 루스 교수의 사위가 아내의 출산을 걱정하던 차에 갑작스레 주유소에 들러야 했던 이야기를 들려주었다. 뒤이어 에이미는 책상 위를 훑어보며 커다란 도미노 같은 것들이 줄지어 서 있는 이유를 궁금해 했다.

"이게 뭐예요?"

루스가 말했다.

"하나 집어서 직접 확인해 봐. 회사가 상장되면 주관사가 대개 〈월스트리트저널〉 같은 데 광고를 실어. 이런 회사가 상장된다면서 발행주식수 같은 세부 사항을 알리지."

"주관사가 뭐예요?"

"상장을 돕는 투자회사야. 투자설명서를 작성하고, 주식을 증권사에 팔면 증권사가 다시 개인투자자들에게 팔아. 남편은 상장 기업을 돕는 일을 했어. 그건 그 사람이 키우고 도와준 회사들이야. 그 회사들은 상장된 다음에 기념품을 보내줘. 합성수지에 광고 내용을 넣은 모형이지. 관행이야. 남편은 이 책상을 묘지라고 불렀어."

에이미는 이해가 가지 않는다는 표정을 지었다.

"남편이 살아 있을 때는," 루스는 말을 이어나갔다. "지금보다 훨씬 어수선했어. 서류, 책, 메모들이 여기 묻혀 있다가 가끔 요란스레 청소를 할 때 부활했지. 다른 이유도 있어. 이 광고 모형을 '묘비'라고 부르거든. 그래서 남편이 이렇게 깔끔하게 줄지어 세워 둔 거야. 사실 이 책상을 묘비라고 부르는 건 정말 아이러니한 거야. 이걸 묘비라고 부르면 안 돼. 출생 기념비라고 불러야지. 회사가 상장되면 꿈이 실현되는 거니까."

"그럼 묘지가 아니라 분만실이라고 불러야겠네요." 에이미가 말했다.

"남편이 들었으면 좋아했겠다." 루스는 웃으며 말했다. "멋진 말이야. 실제로 남편의 회사는 일종의 인큐베이터였어. 남편은 이것들을 책상 위에 놓아두는 걸 좋아했어. 회사를 만드는 과정에서 긴 시간 동안 온갖 서류 작업을 하고 수많은 우여곡절을 견디는 이유를 상기시켜주니까. 종일 그런 일을 하다 보면 애초에 왜 하는지 잊어버리기 쉬워."

라몬은 말을 하려다가 멈췄다. 루스는 그가 무슨 생각을 하는지 알았다. 모두 돈을 벌기 위한 것 아니냐고 묻고 싶었을 것이다. 루스는 그의 얼굴에서 그런 생각을 읽을 수 있었다.

"에이미, 그거 하나만 나한테 줄래?"

"어떤 거요?"

"상관없어. 아무거나 괜찮아."

어차피 에이미에게는 모두가 같은 것처럼 보였다. 그냥 카드 묶음 크기의 합성수지 모형이었다. 각 모형 안에는 깨알 같은 글씨로 작게 축소된 신문의 한 페이지가 들어 있었다. 에이미는 아무거나 하나를 집어서 루스에게 건넸다. 루스는 미소를 지었다.

"마음에 드세요?" 에이미가 물었다.

"응. 모두 나름의 이야기가 있어. 그래도 이걸 잘 골랐어."

루스는 책상 뒤에 놓인 의자를 돌렸다. 라몬과 에이미는 구석에 놓인 안락의자의 가죽 발받침을 루스 쪽으로 밀었다. 두 사람은 그녀를 마주 보고 앉았다.

"이건 워슨 인더스트리 거야." 루스는 광고 모형을 라몬과 에이미에게 보여주며 말했다. "톰 워슨은 남편이 도와준 많은 사람들과 비슷해. 새로운 물건을 만드는 걸 좋아하는 엔지니어였지. 또한 다른 많은 창업자들처럼 자기 사업을 하려고 큰 대가를 지불했어. 물론 사장이 돼서 아주 큰돈을 벌 기회를 얻는 건 좋지. 대신 엄청난 위험을 감수해야 해. 상당한 긴장도 견뎌내야 해. 이 회사들을 만든 사람들은 대부분 가진 걸 전부 회사에 쏟아부었어. 그야말로 모든 것, 모든 돈, 모든 시간, 모든 상상력, 모든 열정을 말이야. 가족이 있다면 배우자나 아이들 혹은 자신에게 남겨진 게 거의 없어."

라몬이 말했다.

"전에 제게 말씀하신 거랑 같네요. 죽을 때 일을 더하지 못해서 후회하는 사람은 없다고 하셨잖아요."

"맞아."

"그럼 이 모형들의 의미가 달라지는 것 아닌가요? 모든 것을 바친 결과물이잖아요. 무엇을 위해서죠? 돈인가요? 상장인가요?"

"하지만 너는 돈을 벌려고 테니스를 하는 게 아니라고 했잖아."

"당연히 아니죠!"

"네 말을 믿어. 그러니까 너는 돈과 열정이 같이 따라온다고 해서 열정이 돈 때문에 생기는 게 아니라는 걸 누구보다 잘 알겠네."

"하지만 열정과 집착은 달라요. 교수님은 이 회사들을 만든 사람들이 광적으로 매달린 것처럼 말씀하세요. 그들 중 다수가 말이죠."

라몬은 가족이나 친구가 아니라 회사에 인생을 바치는 사람들에게 문제가 있다는 생각을 떨칠 수 없었다.

루스가 말했다.

"섬뜩한 현황판처럼 보이는 거 알아. 하지만 다른 측면도 있어. 이거 보여?" 루스는 다른 모형을 하나 집어 들면서 물었다. "이 회사는 아주 멋져서 아이들이 실제로 쓰고 싶어하는 완전히 새로운 자전거 헬멧을 개발했어. 모두가 세상을 바꾸겠다고 약속하는 최신 닷컴 회사를 만들고 있을 때 자전거 헬멧 회사를 만들 자금을 모으는 일은 쉽지 않았지. 이 회사를 만든 여성은 회사를 만드는 동안 나머지 삶의 영역들을 보살피느라 아주 힘든 시간을 보냈어. 그래도 아이들을 보호하는 일을 한다는 사실을 잊지 않았지. 희생을 치를 가치가 있는 일을 한다는 사실 말이야."

"맞아요." 라몬은 동의했다. "하지만 톰 워슨은 다르지 않아요?"

"그래서 네가 워슨 인더스트리를 고른 게 기뻤던 거야. 워슨 인더스트리는 아이들을 보호하거나 새로운 유전자요법으로 에이즈를 치료하는 일을 하지 않아. 이 회사가 하는 사업은 낭만적인 구석이 없어. 그냥 라우터나 서버에 들어가는 하드웨어를 제조할 뿐이지. 정확한 명칭은 기억나지 않아. 아무튼 인터넷 백본(backbone)과 관련 있는 작은 하드웨어였어. 호주머니에 넣을 수 있고, 일정을 관리해주고, 같은 시간에 완벽한 커피를 끓여주는 최신 기기나 신형 디스크 드라이브가 아니었어. 컴퓨터 회사들을 위한 홈디포가 있다면 거기서 팔릴 법한 물건이었어. 이보다 덜 낭만적인 제품이 있을까? 가끔 나는 회사 이름을 위젯 인더스트리로 바꿔야 한다고 톰을 놀렸어. 위젯은 경제학자들이 실제 사례를 생각하기 싫을 때 사용하는 단어지. 그냥 '어떤 것'을 가리키는 실없는 단어야. 그만큼 특징 없는 제품이었어."

"하지만 인터넷 백본에는 수많은 부품이 들어가요. 그래서 사업이 잘 되었을 것 같네요."

"맞아. 하지만 멋진 아이디어를 갖고 있어도 여전히 부침이 심해. 톰도 초기 설계에서 여러 번 실패를 겪었지. 그러다가 마침내 설계에 성공했을 때도 난관이 많았어. 당장 매출 목표를 달성할 수 있는 대형 계약을 맺을 것 같지만 자금을 관리하느라 인력이 부족해서 제안서 제출 기한을 놓쳐. 신생 기업이라 신용도가 낮아서 필요한 부품을 제때 조달받지 못해. 미처 확인하지 못한 승인 절차를 놓쳐서 공장을 계획한 날짜에 열지 못해. 수백, 수천 가지 문제가 생겨. 게다가 걸린 대가도 엄청나. 매번 난관에 부딪힐 때마다 몸과 마음이 상해. 그렇다고 불안한 속내를 겉으로 드러내지도 못해. 그랬다가는 직원들은 다른 일자리를 찾고, 투자자들은 다음 자금을 주지 않을 테니까. 모든 일이 100퍼센트 양호해야 하고 갈수록 나아져야 해. 진땀을 흘리는 모습조차 보여주면 안 돼."

"악몽 같은 일이네요. 부자가 될 수 있는 가능성 때문에 그런 어려움을 견딜 수 있는 것 같아요." 에이미가 말했다.

"돈이 중요하긴 하지. 10달러를 걸고 주사위를 굴리는 것도 재미있어. 그런데 평생 모은 돈과 결혼 그리고 명성이 걸려 있으면 훨씬 재미있겠지. 재미있다는 표현은 틀린 것 같아. 그것보다는…."

"짜릿하다?" 에이미가 말했다. "중년의 위기를 극복할 최고의 치료제 같은 걸까요? 아빠가 BMW 컨버터블을 샀을 때처럼요."

"맞아. 돈은 아드레날린을 분비시키지. 이렇게 보면 돼. 인생과 미래를 건다면 차라리 돈까지 버는 편이 좋지 않을까? 물론 그게 전부는 아니지. 이 회사를 만든 사람들은 기한 같은 걸 의논하려고 밤늦은 시간에도 남편을 찾아왔어. 남편이 통화를 하거나 회사에서 가져온 서류를 확인하는 동안 내가 그 사람들과 이야기를 나눴지. 그들은 배우자나 투자자 혹은 친구들과도 하지 못한 이야기를 내게 들려줬어. 내가 함부로 재단하지 않는다는 걸 아니까. 그래서 나약하거나 불안해하거나…."

"인간적인 모습을 보일 수 있었다는 거죠?" 라몬이 말했다.

"맞아. 그냥 인간적인 모습 말이야. 톰 워슨은 이런저런 문제로 여러 번 와서 우리와 이야기를 나눴어. 그중에서 내가 절대 잊지 못하는 건 일이 아주 잘 풀렸을 때야. 톰은 모든 일이 마침내 해결된 후 일요일 저녁에 우리와 같이 식사를 했어. 만사형통이었지. 모든 게…."

"만사형통이 무슨 뜻이죠?" 라몬이 물었다.

"모든 게 좋다는 뜻이야. 일이 순조롭게 풀린다는 거지. 공장도 마침내 가동되었고. 계획보다 3달이나 지체되었지만 어쨌든 문을 열었어. 제품이 생산되어 소비자에게로 향했어. 주문이 들어왔어. 톰은 아내를 데려왔어. 힘든 시기에도 가정을 유지했으니 톰은 운이 좋은 사람이었지. 우리 네 사람은 식탁에 둘러앉았어. 예상대로 모두가 들떠 있었지. 특히 톰은 대단히 흥분한 상태였어. 공장을 가동한 첫 주에 얼마나 많은 제품을 생산했는지, 첫 달에, 첫 해에, 이 듬해에 얼마나 많이 생산할 건지 계속 이야기했지. 앞으로 추가할 신제품, 고급 기기, 센서를 부착한 기기, 생각할 수 있는 기기, 스스로 수리하는 기기에 대한 이야기도 했어. 그러자 그의 아내가 '여보, 다른 이야기하면 안 돼?' 라고 했어. 웃는 얼굴이었지만 분위기가 약간 어색했지. 톰은 수줍게 웃더니 입을 닫았어."

루스는 잠시 그날 밤을 기억하며 생각에 잠겼다. 그리고 이야기를 계속했다.

"저녁을 먹고 샴페인을 마신 후 자리가 파할 무렵 나는 톰과 같이 잠깐 식탁에 남아 있었어. 톰의 아내는 화장실에 갔고 남편은 디저트를 가지러 갔던가 주방에서 뭔가를 하고 있었어. 톰은 나를 보며 이렇게 속삭였어. '드릴 게 있어요. 손 좀 줘보세요.' 나는 톰을 많이 좋아했어. 그날 밤에도 일이 잘 풀려서 아주 행복했지. 하지만 선뜻 손을 내밀지 못하겠더라고. 그의 목소리와 눈빛이 너무나 은밀하고 진지해서 LSD(환각제의 일종 – 옮긴이)를 내 손에 쥐어줬어도 놀라지 않았을 거야. 어쨌든 나는 머뭇거리며 손을 내밀었어. 톰은 황금색 물건을 내 손에 쥐어줬어. 성배나 엄청나게 비싼 보석 같은 걸 쥐어주고 내게 같이 도망가자고 말하려는 건가 싶겠지. 하지만 물론 다이아몬드는 아니었어."

"자기 회사 제품이군요." 에이미가 조용히 말했다.

"맞아. 그거였어."

"되게 자랑스러웠나 봐요." 에이미가 말했다.

"당연하지. 톰을 탓할 일은 아냐. 나는 그게 얼마나 값진 물건인지 알았어. 돈, 시간, 에너지. 톰의 인생에서 큰 부분이 그 쇠붙이에 들어가 있었어. 나는 그걸 만들기 위해 톰의 부부관계가 흔들렸다는 걸 알았어. 건강까지 나빠졌지. 그래서 톰처럼 성공한 사람, 살아남은 사람에게 항상 하고 싶던 질문을 했어. 그만한 대가를 치를 가치가 있었냐고 말이야."

루스는 그때를 회상하며 잠시 말을 멈췄다.

"뭐라고 말했어요?" 라몬이 물었다. 방안이 너무나 고요해서 시계 초침 소리까지 들렸다. 하지만 루스의 귀에는 남편이 주방에서 바삐 오가는 소리가 들리는 듯했다.

"톰은 내가 절대 잊을 수 없는 말을 했어. 직접적인 대답은 하지 않았어. 대신 이렇게 말했지. '첫 제품이 나오는 모습을 보니까,' 그는 적절한 단어를 찾아서 말을 멈췄어. '아버지 생각이 났어요. 2년 전에 돌아가셨죠. 아버지가 같이 있었으면 좋았겠다고 생각했어요. 아버지라니! 사실 아버지를 좋아하지도 않았는데 말이에요!' 나는 가만히 앉아 있었어. 할 말이 생각나지 않았어. 그때 남편이 톰의 아내와 같이 식탁으로 돌아왔어. 그렇게 시간이 흘러갔어. 하지만 그날 밤 내내 톰과 톰이 '좋아하지도 않았던' 아버지에 대한 생각이 머릿속을 떠나지 않았어. 왜 그런 말을 했을까?"

"아마 톰에게 너는 아무것도 이루지 못할 거라고 말한 적이 있나

보죠. 톰은 아버지가 틀렸다는 걸 증명하고 싶었던 거고요. 아마 회사를 만드는 게 톰에게는 실패에 대한 두려움을 물리치는 수단이었겠죠."

루스가 말했다.

"그럴지도 몰라. 하지만 그게 전부는 아닐 거야. 톰이 아버지를 언급했을 때 그의 목소리에 얼마나 회한이 서렸는지 들었어야 해. 감정을 주체하지 못할 정도였어."

"그럼 교수님은 어떻게 생각하세요?" 라몬이 물었다.

"아버지가 자신에게 심어준 걸 톰이 깨달았다고 생각해. 톰은 아버지를 좋아하지 않았지만 성공의 순간을 같이 나누고 싶어했어. 아버지에게 인정받고 싶어했지. 아버지의 존중을, 어쩌면 사랑을 원했어. 톰은 자신이 거둔 성공을 일종의 비틀린 구원 정도로 여겼던 것 같아. 자신의 존재를 걸고 주사위를 굴려서 이긴 거지. 그건 아마 나는 절대 이해할 수 없는 가치를 지닐 거야. 하지만 이거 하나는 알아. 모든 노력이 결실을 맺어서 첫 제품이 나왔을 때 톰은 자기가 얼마나 부자가 될지 생각지 않았어. 아마 돈은 그 모든 일과 별로 상관이 없었을 거야."

에이미는 손에서 광고 모형을 계속 돌렸다. 라몬은 생각에 잠겨서 말없이 앉아 있었다. 루스는 라몬이 아버지 생각을 하는 건지 궁금했다. 거의 알지 못하지만 노력과 승리에 대한 열의와 경쟁심을 심어준 아버지를 생각하는 걸까? 그의 아버지가 결코 보지 못할 승리들을 상상하는 걸까?

"저기 있네."

루스는 구석에 있는 책장에 놓인 윤기나는 쇠붙이를 가리키며 말했다. 그녀는 그 쇠붙이를 내려서 에이미에게 건넸다.

"이거야. 누구도 죽을 때 일을 더하지 못한 걸 후회하지 않아. 하지만 꿈을 이루지 못한 건 모두가 후회하지. 그냥 도금된 쇠붙이지만 그걸 보면 톰이라는 사람과 그의 꿈이 생각나."

집안 어디선가 시계가 울렸다.

"11시네요." 라몬이 말했다. "이제 가야겠어요. 너무 오래 있어서 죄송해요."

"괜찮아. 이 방에 들어올 일이 있어서 좋았어."

라몬과 에이미는 밤의 거리로 나섰다. 루스는 주방으로 가서 세밀한 조각이 새겨진 크리스탈 잔에 라가불린(싱글 몰트 위스키의 일종 – 옮긴이)을 부었다. 그녀는 서재로 돌아가 커다란 가죽 발받침을 안락의자 앞으로 되돌렸다. 그녀는 안락의자에 앉아 발을 올렸다. 잔이 비자 그녀는 책상에 있는 조명을 껐다.

chapter 9

모든 것의 가격

카스트로의 건강이 나빠질수록 의사들의 노력이 절박해진다. 모두가 최선을 다하는 척 꾸민다. 그러나 그들은 카스트로의 죽음이 시간문제일 뿐임을 안다. 그들은 어쩔 도리가 없다는 것을 안다. 그리고 이미 앞으로 다가올 신세계, 모든 것이 달라질 세상, 오늘의 친구가 내일은 친구가 아닐 세상, 오늘은 위험한 사람이 내일은 위협이 되지 않을 세상을 생각한다.

|

다음날 아침, 달리기를 끝낸 라몬은 트랙을 둘러싼 낮은 담에 기대어 선 루스 교수를 보고 깜짝 놀랐다. 날 기다리고 있던 걸까?

"안녕하세요. 어제 저녁은 감사했습니다."

"아냐. 그건 그렇고 그 여학생하고 결혼해."

"에이미요?" 라몬은 웃었다. "진짜요?"

"못할 게 뭐 있어? 놓치기 아까운 사람이잖아. 어제 너희들이 서로를 바라보는 눈빛을 봤어."

라몬은 다시 웃었다.

"교수님, 제 생각에는 결혼하기 전에 앞으로 무엇을 할지 먼저 결정해야 할 것 같아요."

"넌 테니스를 정말 잘 하잖아. 개인적으로 너의 서브는 정말 일품이라고 생각해. 네가 우승할 가능성이 높다는 말도 들었고."

"제가 생각하는 것만큼 잘하는 게 아닐지도 몰라요. 탈진할 수도 있고, 무릎이 나갈 수도 있어요. 저는 앞날이 어떻게 될지 모르는 그냥 유망주일 뿐이에요."

"멋진 말이네."

"엄마가 한 말이에요. 공부를 게을리하면 안 된다는 걸 상기시키는 거죠."

루스는 미소를 지었다.

"게다가," 라몬은 말을 이어나갔다. "기대를 충족한다고 해도 선수 생활을 얼마나 오래 할 수 있을까요? 10년? 그 후에도 살 날이 많아요. 그때는 뭘 해야 할까요?"

"테니스든 뭐든 네가 하고 싶은 걸 하면 되지. 그걸 지금 당장 확실하게 정할 필요는 없어."

"알아요. 하지만 에이미는 저와 많이 다른 길을 갈 거예요. 에이미는 대학원에 가서 생물학을 전공한 다음에 의전원에 갈 생각이에요. 저는 운동을 해요. 심지어 에이미의 아버지는 상원의원이에요. 우리 엄마는 가정부고요."

"그런 말 하면 안 돼!"

라몬은 루스의 분노한 눈빛을 처음 보았다. 그녀는 라몬의 어깨를 붙잡았다. 라몬이 놀랄 만큼 강한 힘이 느껴졌다.

"그런 말 하면 안 돼! 네 어머니는 가정부가 아냐! 그녀는 네가 올바른 생각을 하도록 가르친 현명한 여성이야. 절대 인간으로서 한 사람의 정체성이나 가치를 직업과 혼동하지 마. 아무 상관이 없는 거니까."

라몬은 루스의 꾸짖음에 수긍하면서 머리를 숙인 채 가만히 서 있었다.

"네 아버지는 또 어땠어?" 루스는 말을 이어나갔다. "전에 네 아버지의 이름을 구글로 검색했어. 네 아버지는 상원의원 수십 명보다 훨씬 충실한 삶을 살았고 그들보다 나은 자긍심과 능력을 가진 사람이었어!"

라몬은 고개를 들어 나지막한 목소리로 말했다.

"아버지에 대한 기억은 별로 없어요. 하지만 아버지가 어떤 사람이었고 쿠바 사람들에게 어떤 존재였는지 알아요."

"미안하다, 라몬. 내가 좀 지나쳤던 것 같아. 너한테 그런 말을 할 자격은 없는데 말야."

"아니에요. 맞는 말씀이에요. 엄마에 대해 그렇게 말하면 안 되는 거였어요. 그런 뜻으로 한 말은 아니었어요. 지난여름에 조지타운에 있는 에이미의 집에 간 적이 있어요."

라몬은 말을 멈추고 에이미의 가족이 사는 저택의 위용을 떠올리며 믿을 수 없다는 듯 고개를 저었다. "생각하면 조금 어색해요."

"뭐가? 네 어머니가 에이미의 집을 방문하는 게? 에이미의 부모가 마이애미로 가는 게?"

"네."

루스는 더 이상 이야기를 이어가지 않았다. 라몬은 다시 루스에게 어제 저녁에 대한 감사 인사를 한 후 샤워를 하러 테니스 센터로 들어갔다. 루스는 테니스 센터 앞에 있는 벤치에 앉았다. 시계를 보니 10시에 있는 회의까지 5분밖에 시간이 없었다. 그녀는 일정을 떠올렸다. 우선 공학과에 기부금을 낼 사람의 관심을 끌기 위해 자신이 도와줘야 하는 동문을 15분 동안 만나야 했다. 그 다음에는 인문과학대 학장을 만나서 빅박스의 기부를 확보할 전략을 세워야 했다. 그 다음에는 자신이 이사로 있는 자선단체의 오찬이 있었다. 오후에도 중요한 일정이 있었다. 정확하게 기억은 안 나지만 오후 늦은 시간에 잡힌 일정이었다. 그녀는 몸을 뒤로 기대며 기지개를 켰다. 태평양 오크나무의 그림자가 그녀를 감쌌다. 멀리 녹색의 언덕이 펼쳐져 있었다. 그녀는 잠시 눈을 감았다. 서두르면 제시간에 사무실로 돌아가 동문을 만날 수 있었다. 하지만 그녀는 일어서지 않았다. 그녀는 가방에 손을 넣어 휴대폰을 껐다. 그리고 심호흡을 한 후 녹색 언덕 위로 떠 있는 구름을 멍하니 바라보며 기다렸다. 설마 잘리지는 않겠지. 아마도 그럴 거야.

"아직 계셨네요." 15분 후 밖으로 나온 라몬이 루스를 보고 말했다.

"오늘은 안 바빠." 루스는 거짓말을 했다. "얼굴에 비치는 햇빛과 향긋한 공기를 즐기고 있었어. 이런 것들을 당연하게 여기는 건 안타까운 일이야. 나는 그러지 않으려고 노력해."

"사실 교수님이 아직 계셔서 기뻐요. 어젯밤에 했던 이야기에 대해 물어볼 게 있거든요. 정말 안 바쁘세요? 혹시…."

"아냐. 잠깐 경제학에 대한 이야기를 할 시간은 항상 있어."

라몬은 루스 교수가 왜 자신이 운동하는 곳에 찾아오고, 자신의 아버지를 구글로 검색하고, 자신과 많은 시간을 보내는지 궁금했다. 졸업이 얼마 안 남았는데 정말로 한가할까? 라몬은 우연인 것 같은 모든 만남, 대화, 관심이 고별사의 내용을 부드럽게 만들려는 시도일 것이라고 추측했다. 루스 교수다운 방식이었다. 그녀는 직접적으로 고별사를 금지시키거나 대가를 치를 것이라고 위협하기보다 어젯밤에 나눈 대화 같은 것들을 통해 호감을 사려 애썼다.

"어젯밤에 들려주신 창업자에 대한 이야기 말인데요…."

"톰 워슨?"

"맞아요, 톰 워슨. 멋진 이야기였어요. 하지만 정말로 돈이 아무런 동기가 되지 않았다고 믿으세요? 사람들이 아버지에게 인정받고 싶은 열의나 선의 때문에 그런 노력을 한다고 믿으세요? 경제학자는 동기를 중시해야 하는 것 아닌가요?"

"돈이 중요치 않다고 말한 게 아냐. 우리는 동기를 A 아니면 B, 켜짐 아니면 꺼짐, 이것 아니면 저것이라고 생각하는 경향이 있어. 하지만 사람들은 실제로 그렇게 행동하지 않아. 내가 좋은 예지. 나는 내 일을 사랑해. 학생들을 가르치는 게 좋아. 우리 대학을 명문으로 만드는 데 기여하는 게 좋아. 학생들과 이야기하는 게 좋아. 내 일을 사랑해. 하지만 학교에서 월급을 주지 않으면 아마 더 이상 일하지 않을 거야."

라몬은 웃었다.

"사실 다른 교수가 한 말이야." 루스는 인정했다. "하지만 이 말은 경제학자들이 동기를 바라보는 관점을 잘 보여줘. 동기는 다면적이야. 우리는 돈을 중시하는 동시에 직업의 다른 측면도 중시해. 나만 그런 게 아냐. 너도 그래. 넌 분명 플라이 낚시를 아주 잘할 거야. 그럼 왜 테니스만큼 플라이 낚시에 시간을 들이지 않아? 넌 최고의 플라이 낚시꾼이 될 수 있는데도 최고의 테니스 선수가 되려고 노력하잖아!"

"그건 어리석은 짓이에요. 말도 안 돼요."

"왜 그럴까?" 루스는 반박했다. "최고의 플라이 낚시꾼이 되더라도 의미가 없으니까 어리석은 짓이지. 하지만 최고의 테니스 선수가 되는 건 정말로 의미가 있을까?"

"제게는 의미가 있어요."

"왜?"

"테니스를 사랑하니까요. 센터 코트에 서서 경기가 판가름 나는 시점에 서브 에이스를 따낼 때마다 관중들의 함성을 듣는 기분이 어떤지 교수님은 모를 거예요."

"아무도 지켜보고 있지 않다면? 트로피가 없다면? 관중이 없다면? 그래도 여전히 재미있을까?"

"아마 안 그럴 거예요."

"사실상 플라이 낚시와 비슷해질 거야. 기쁨을 얻을지는 몰라도 같지는 않겠지. 사실 나는 플라이 낚시를 좋아해. 어릴 때 아버지한테 배웠지. 멋진 경험이었어. 하지만 나는 플라이 낚시보다 경제학을 잘하기 위해 더 많은 시간을 들였어. 너도 마찬가지지. 분명너도 금전적 보상은 없지만 시간을 들여서 즐기는 일들이 있을 거야. 시를 읽거나, 재즈를 듣거나, 친구들과 저녁을 먹으며 웃고 떠드는 일은 모두 즐거워. 하지만 돈을 버는 일에 진지하게 임하는 일도 좋지."

"그건 너무 금전적인 것 같아요."

"돈은 동기를 부여하는 것 중 하나야. '하나'라는 단어를 강조하고 싶어. 너는 상금이 지금보다 훨씬 작아도 여전히 테니스 선수가 되겠다고 결정할지 몰라. 너한테 골프 선수들이 돈을 더 버니까 골프를 해보라고 말할 순 없어. 나는 항상 강의 마지막 시간에 학생들한테 돈만 보고 첫 직장을 선택하지 말라고 해. 그렇다고 연봉이 가장 적은 직장을 잡으라고 말하지도 않아. 돈과 그에 따른 동기가 없으면 우리는 어떻게 사회에 기여해야 할지 몰라."

"무슨 뜻이죠?"

라몬은 그녀의 이상한 주장에 완전히 당황한 모습이었다.

"이야기를 하나 해도 될까?" 루스가 물었다.

"어차피 하실 거잖아요?" 라몬은 웃으며 말했다.

"남편이 도와준 다른 창업자에 대한 이야기야. 데이비드 콘펠드(David Kornfeld)라는 사람이지. 이스라엘인이고 천재야. 그는 흉부 절개 수술을 할 필요 없이 동맥에 쌓인 혈전을 제거할 수 있는 레이저를 개발했어. 모든 사람에게 쓸 수 있는 건 아니지만 기적 같은 효과를 발휘했지. 데이비드가 세운 회사는 의료기기를 만드는 모든 회사가 직면하는 전형적인 문제에 부딪혔어. 결국 자금줄이 끊겼고, 데이비드는 경영권을 잃을 위기에 처했지. 식약청 승인은 한없이 지체되었어. 일부 초기 결과는 엄청나게 유망했지만 뒤이은 임상시험에서는 그보다 불확실한 결과가 나왔어. 그래도 결국에는 모든 일이 잘 풀려서 사업을 시작할 수 있었지. 데이비드는 거의 20년 동안 쉼 없이 노력하고, 온갖 흥분과 불안에 시달리고, 수많은 우여곡절을 겪은 끝에 마침내 회사를 상장시킬 수 있었어. 덕분에 모든 직원이 적지 않은 돈을 벌었지. 데이비드는 엄청난 돈을 벌었어. 어느 날 밤 그는 상당히 침울한 얼굴로 우리 집에 찾아왔어. 그러고는 간암에 걸렸는데 손을 쓸 수 없다고 담담하게 말하더군. 두어 달밖에 못 산다는 거야."

"세상에."

"하지만 그를 우울하게 만든 건 젊은 나이에 죽는다는 사실이 아니었어. 인생을 낭비했다는 사실이었지. 그는 오직 한 가지 목표, 회사를 상장시켜서 많은 돈을 번다는 목표만 좇으면서 20년을 보냈어. 성공만 보고 산 거야. 도대체 왜 그랬을까? 그는 톰 워슨이 잘 조화된 삶을 산 것처럼 보이게 만들었어. 그의 두 아이는 아버지를 거의 모르고 자랐어. 그의 아내는 떠나버렸어. 그는 모든 에너지를 회사에 쏟았어. 무엇을 위해? 그가 모든 마세라티(Maserati)와 차고에 모셔둔 로터스(Lotus)를 위해? 타호 호숫가에 있는 집을 위해? 그게 무슨 유산이야? 이제는 바로잡기에는 너무 늦었어."

"누구도 죽을 때 일을 더하지 못했다고 후회하지 않아요." 라몬은 거의 혼잣말처럼 말했다.

"아주 서글픈 이야기네요. 무슨 말을 할 수 있겠어요? 해줄 말이 없을 것 같아요."

"우리 부부도 그랬어. 남편은 우리 친구이자 역사과 교수인 피터와 이야기를 나눴어. 심장병을 앓다가 데이비드가 개발한 레이저로 처음 치료를 받은 사람이지. 우리는 그에게 데이비드가 죽어가고 있다고 말했어. 데이비드가 개발한 치료법 덕분에 심장병을 고쳤다는 사실을 알려주는 편지라도 써주길 바랐지. 피터 부부는 데이비드를 저녁식사에 초대했어. 데이비드는 최고급 레스토랑에서 자기가 대접하겠다고 제안했지. 하지만 피터는 자기 집으로 오라고 고집했어."

"그래서 어떻게 됐어요?"

"다음날 밤에 피터가 찾아왔을 때 우리도 그렇게 물었지. 그는 괜찮았다고 말했어. 3시간 내내 우는 게 괜찮은 거라면 말이야."

"무슨 일이 있었는데요?"

"데이비드는 좋은 와인을 들고 갔어. 피터 부부와 조용한 저녁시간을 보낼 거라고 예상했겠지. 하지만 그가 간 자리는 4, 50명이 모인 파티였어. 피터의 역사과 동료 교수들, 교회 친구들, 로스엔젤레스에서 날아온 아들, 보스턴에서 온 딸, 조카들, 대학원생들. 온갖 사람들이 어울려서 저녁을 먹고 이야기를 나눴어. 뒤이어 그들은 데이비드를 거실에 있는 의자에 앉혔어. 그리고 한 명씩 일어나 눈물을 흘리며 친구이자 스승이자 아버지이자 남편인 피터가 건강하게 살아 있는 게 어떤 의미인지 말했어. 그걸로도 부족했던지 모두가 발언을 하고 데이비드가 집으로 돌아갈 시간이 되자 또 다른 일이 일어났어. 모두가 데이비드에게 다가가 긴 포옹을 하며 영어에서 가장 마술적인 두 단어, 'Thank you'라고 말했어."

"아름다운 이야기네요."

"데이비드는 우리에게 그 이야기를 하면서 믿을 수 없다는 듯 계속 머리를 흔들었어. 자기가 이룬 진정한 성과가 뭔지 몰랐던 거지."

"하지만 당연히 알았어야 하지 않나요? 어떻게 모를 수가 있죠?"

"넌 어때, 라몬? 네가 경기하는 모습을 보는 걸 좋아하는 사람들에게 얼마나 많은 즐거움을 주는지 생각해 본 적 있어?"

"아뇨. 팬들이 좀 있다는 건 알아요."

"좀 있는 정도가 아니지. 네가 경기하는 모습을 보면서 사람들이 얻는 즐거움과 기쁨에 대해 얼마나 자주 생각해? 나는 데이비드에게 작년에 자기가 개발한 제품으로 몇 명이나 치료했는지 물었어. 그는 목이 메어서 말을 제대로 하지 못했어. 겨우 작은 목소리로 4,000명이 넘는다고 말했지. 나는 그가 무슨 생각을 하는지 알았어. 소중한 사람이 조금 혹은 훨씬 더 오래 살아서 기뻐하는 가족과 친구들로 가득한 4,000개의 거실을 상상했겠지. 이익은 데이비드가 그런 인간적인 기쁨, 즐거움, 감사를 창출하도록 이끌었어. 선의가 아니었어. 세상을 더 나은 곳으로 만들기 위해 할 수 있는 일이 뭔지 생각하는 성찰이 아니었어. 나는 그가 플라이 낚시를 하며 시간을 보내지 않아서 기뻐. 심장병을 고친 4,000명의 가족과 친구들도 그렇겠지."

"모든 경제학자는 친기업적인가요?"

"무슨 말이야?"

"교수님은 항상 큰 이익이 얼마나 좋은지 말씀하시잖아요. 모든 경제학자는 친기업적인가요?"

그날 두 번째로 라몬은 루스가 감정을 자제하려고 애쓰는 모습을 보았다. 기업과 이익에 대한 자신의 관점을 오해하는 것만큼 그녀를 화나게 만드는 것은 드물었다. 그래도 그녀는 바로 대답하지 않고 심호흡을 하며 마음을 가라앉혔다.

"나는 친기업적이지 않아. 이익만 지향하지도 않아. 큰 이익이 본질적으로 좋은 건 아냐."

"하지만 방금…."

"핵심은 이익과 손실이야. 나는 정직하지 않게 운영되는 부실하고 나쁜 기업들이 손실을 입기를 원해. 그래야 다른 기업들이 여분의 자본과 자원을 더 현명하게 활용할 수 있어. 데이비드 같은 대다수 창업자들은 실패를 겪어. 그건 괜찮아. 그냥 놔둬도 돼. 인위적으로 이익을 늘려서 과도한 자본이 기업으로 흘러들어가게 만드는 건 좋지 않아. 나를 비롯한 거의 모든 경제학자들이 기업 지원 정책에 반대하는 이유가 거기에 있어. 정부는 납세자와 소비자를 희생시키면서 사탕수수 농가, 옥수수 농가, 철강 회사를 돕는 걸 멈춰야 해. 기업들이 서로 경쟁을 통해 자립하도록 놔둬야 해. 부를 창출하는 건 이익이라는 당근과 손실이라는 채찍이야. 이 당근과 채찍은 사람들이 어떤 물건의 가치를 측정하는 가격 때문에 의미를 지녀. 가격 그리고 이익과 손실이라는 동기가 없으면 무엇이 진정으로 가치 있는지 알 수 없어. 재미있지 않니?"

"뭐가요?" 라몬이 말했다.

"오스카 와일드(Oscar Wilde)는 냉소주의자는 모든 것의 가격(대가)을 알지만 어떤 것의 가치도 알지 못한다고 말했어. 명민한 사람들은 경제학자에 대해서도 같은 말을 해. 우리가 마치 가격과 돈에 집착하면서 계산만 하는 영혼 없는 존재들인 것처럼 말이야. 우리가 한 푼까지 비용과 편익을 재는 돈벌레라는 말도 있어. 하지만 경제학은 가격과 돈만 따지지 않아. 경제학은 삶에서 최대한의 가치를 얻는 방법을 다뤄. 내가 학생들에게 월급만 보고 직장을 고르지 말라고 말하는 이유가 거기에 있어. 금전적 보상뿐 아니라 비금전적 보상까지 합쳐서 최고의 보상을 안기는 일을 해야 해. 삶에서 최대한의 가치를 얻으려면 비용과 편익에 주의를 기울여야 해. 네가 스탠퍼드에 들어오기로 결정했다면 마이애미 대학을 배제한 거야. 테니스를 선택했다면 야구를 포기한 거야. 에이미와 함께 과제를 하면 그 시간 동안 다른 일을 할 수 없어. 모든 것에는 대가가 따르는 거야. 우리가 하는 일의 비용, 그러니까 금전적 비용과 인간적 비용, 우리가 측정하거나 추정할 수 있는 비용을 고려하지 않으면, 우리가 그리는 그림에서 그 비용을 빼버리면 의미 없는 삶을 살게 돼. 데이비드는 의료용 레이저를 개발하기로 결정했을 때 다른 물건을 발명할 기회를 잃은 거야. 그래도 수많은 사람들이 그가 그런 결정을 내린 걸 다행스럽게 여기지. 데이비드가 그런 결정을 내린 부분적인 이유는 의료용 레이저를 높은 가격에 팔 수 있을 것이라고 추정했기 때문이야. 가격은 우리에게 지식을 줘. 가격이 없으면 가질 수 없는 지식 말이야. 에이미의 수업에서 우리는 물건을 사고팔려는 단순한 욕망을 통해 지식의 조율이 이뤄지는 양상을 다뤘어. 가격이 형성되면…"

"알아요. 가격이 전문화를 초래한다는 거요. 한 회사는 향나무를 가공하고, 다른 회사는 알루미늄을 생산하죠. 누구도 연필을 만드는 법을 몰라요."

"와. 어떻게…."

"대개 교수님이 강의하신 내용을 24시간 안에 들어요. 사실 대부분 24분 안에 듣죠. 에이미한테는 말하지 마세요."

"알았어. 사람들은 가격에 대응하여 구매자와 판매자로서 선택을 해. 그 과정에서 누구도 주도하지 않는 가운데 지식이 세상을 돌아다니지. 하지만…."

"지식이 세상을 돌아다닌다는 건 무슨 뜻이에요?"

"연필을 만드는 방법에 대한 지식은 사람들의 머릿속에 담겨서 세상에 널리 퍼져나가. 연필 공장이나 정부 기관 같은 특정 상소에 집중되지 않아. 또한 사람들이 사려는 연필의 양이나 가용한 흑연의 양이 바뀌는 변화가 일어나면 구매자와 판매자는 다른 지식을 활용하여 거기에 대응해. 그 지식도 한 곳에 집중될 필요가 없어. 연필과 테니스 라켓 그리고 흑연을 사용하는 모든 제품들이 세상에 나와서 우리가 사용해 주기를 기다려. 아무리 똑똑하고 능력 있는 사람도 이 제품들을 만들고 안정되게 공급하는 방법에 대한 지식을 아주 조금만 갖고 있는데도 말이야. 이건 우리가 인식하지 못하는 놀라운 일이지."

"정말 놀랍네요."

"우스운 점은 경제학자들도 모든 것의 가격을 모른다는 거야. 누구도 몰라. 우리가 시장경제라고 부르는 전체 시스템은 우리가 알아야 할 게 아주 적기 때문에 잘 돌아가. 덕분에 우리는 우리가 잘 알고 잘 하는 소수의 일에만 집중할 수 있지. 하이에크는 이렇게 지식과 자원을 유도하는 가격 시스템을 '경이'라고 불렀어. 하이에크라는 이름을 들어본 적 있어?"

"네. 역시 에이미가 말해줬어요."

"아직 강의에서 말하지 않은 다른 놀라운 점도 있어. 가격은 전 세계에 흩어진 구매자와 판매자의 지식을 조율하는 일만 하지 않아. 지식을 창출하고 확산시키기도 해. 달걀 사업에서 일어난 온갖 혁신처럼 말이야. 경제 전반에서 일어나는 이런 혁신은 경제성장과 번영의 원천, 일반적인 미국인의 생활수준을 5배나 10배 혹은 15배씩 높여주는 원천이야. 학습되고, 발견되고, 개선될 대상을 정하는 사람은 누구일까? 기술 부문의 군주는 없어. 전문 위원회가 어떤 혁신이 다른 혁신보다 중요한지 결정하는 게 아냐. 그래서 사람들이 세상에 대해 새로운 것을 알아가는 동안 온갖 물건을 만드는 노하우와 기술과 공학에 대한 지식이 무작위로 늘어나는 것처럼 보이기도 해. 내가 들은 적이 있는 라디오 토크쇼와 비슷하지. 청취자들이 전화로 20개의 퀴즈를 푸는 프로그램이야. 모든 문제를 맞히면 2주 동안 하와이를 여행할 수 있어. 내가 들었을 때는 아는 게 아주 많은 여성이 연결되었어. 그녀는 처음부터 막힘없이 척척 대답했어. 기관총으로 표적을 쓰러트리듯 15문제를 맞혔지."

"문제가 쉬웠어요?"

"아냐. 엄청나게 어려웠어. 아주 헷갈려. 들어본 적도 없는 나라의 수도나 1948년에 최고 여우조연상을 받은 배우, 래리 버드가 데뷔 연도에 기록한 평균 득점 같은 걸 맞혀야 했어. 그런데 깜짝 놀랄 정도로 잘 풀더라고. 하지만 17번째 문제는 너무 어려웠어. 원주율의 첫 10자리 숫자를 대야 했지. 그녀는 첫 2자리를 말한 다음에는 대충 생각나는 대로 말했어. 끝난 거지. 거의 다 왔는데 말이야. 문제가 이렇게 어려우면 아무도 20문제를 다 맞히지 못할 것 같았어. 잠시 후 다음 청취자가 연결되었어. 진행자가 같은 질문을 했지. 그런데 어떤 일이 생긴 줄 알아? 이 청취자는 래리 버드의 평균 득점과 부르키나파소의 수도를 알고 있었어. 첫 번째 청취자는 사실 많이 아는 게 아니었어. 그녀는 다른 청취자들이 첫 번째 문제를 계속 틀리다가 누군가가 겨우 맞히는 걸 이미 들은 거야. 다음 문제에 대한 답도 그런 식으로 알게 된 거지. 청취자 한 명이 많이 아는 게 아니었어. 뒤에 연결된 청취자들이 다른 청취자들의 지식을 빌리고 거기에 귀를 기울여서 스스로 알아낼 필요가 없었던 지식을 갖게 된 거야. 즉, 이전에 연결된 청취자들의 수고를 활용한 거지."

"좋은 이야기네요."

"이 이야기는 지식을 축적하기 위한 인간의 노력을 절반밖에 말해주지 않아. 현대의 분업은 한 사람이 아주 적게 알면서도 천재처럼 보이게 해줘. 21세기에 사는 사람이 100년 전에 살던 사람보다 머리가 좋지 않은데도 더 많은 지식을 활용할 수 있는 이유가 거기에 있지. 100년 동안 지식이 쌓인 거야. 앞에 말한 라디오 프로그램에서 뒤에 연결된 청취자들은 앞에 연결된 청취자들보다 똑똑해 보여. 지금 사람들이 옛날 사람들보다 훨씬 많은 돈을 벌 수 있는 부분적인 이유가 거기에 있지. 아이러니하게도 오늘날의 노동자들은 과거의 노동자들보다 더 높은 가치를 지녀. 과거의 노동자들이 더 많은 지식을 갖고 있었는데도 말이야."

"거인의 어깨 위에 서 있는 거군요. 그럼 아까 반쪽 이야기라고 한 이유는 뭐예요?"

"토크쇼 이야기는 우리가 앞선 사람들에게서 배운다는 사실을 말해줘. 하지만 삶이라는 토크쇼에서 문제가 결정되는 방식은 말해주지 않아. 삶이라는 토크쇼는 모호한 퀴즈를 다루지 않아. 우리의 삶을 바꾸는 방법을 찾아내는 사람에게 상을 주지. 삶이라는 토크쇼에는 문제를 제시하고 상을 주는 진행자가 없어. 그래도 문제를 해결하면 상을 받지."

"그러면 누가 상을 줘요?"

라몬은 루스의 말이 놀랍고도 흥미롭다고 생각했다.

"상이 알아서 가."

"상이 알아서 간다라," 라몬은 루스의 말을 따라했다. "어떻게요?"

라몬은 웃음을 터트렸다. 그는 교무처장과 알아서 가는 상에 대한 이야기를 하는 게 얼마나 이상한 일인지 깨달았다.

"커피 한잔할 시간 있어?"

"네. 교수님은 괜찮으세요?"

"당연하지."

루스는 갈수록 거짓말이 쉬워진다고 생각했다.

chapter 10
진행자가 없어도 괜찮아

위대한 지도자의 심장이 멎기 직전에 시간을 멈추고 쿠바를 둘러본다면 어떨까. 이전의 마지막 순간에 모든 사람들을 지켜본다면 어떨까. 모든 것이 바뀌기 이전에 한 남자가 젖을 짜기 위해 양을 끌고 간다. 그는 양의 머리를 쓰다듬는 도중에 멈춘다. 모든 것이 바뀌기 이전에 한 여자가 창밖에서 대걸레를 턴다. 한 아이가 아무 이유 없이 그저 달리는 게 좋아서 거리를 달린다. 누구도 그 순간이 위대한 지도자의 마지막 순간이며, 1초만 지나면 모든 것이 바뀔 것임을 모른다. 시간이 다시 흐르게 하면 남자는 양의 귀를 어루만지고, 여자는 대걸레를 안으로 들이고, 아이는 인도에 있는 딱정벌레를 살핀다. 어떤 것도 진정으로 변하지 않았다. 삶은 나아간다. 하지만 그것은 공간과 정보의 작용일 뿐이다. 삶은 나아가지 않는다. 위대한 지도자와 그 인민의 삶은 나아가지 않는다. 그의 심장이 멈춤으로써 무엇이 바뀔까?

|

  루스와 라몬은 도서관 옆에 있는 노천 카페로 걸어갔다. 경제학부

에 있는 루스의 사무실에서 멀지 않은 곳이었다. 가는 길에 루스는 라몬에게 훈련을 잘하고 있는지, 이번 여름에 윔블던 대회에서 어떤 성적을 낼지 물었다. 두 사람의 대화, 몸짓, 움직임은 스탠퍼드를 살아 있게 만드는 생동감을 더했다. 많은 사람들이 캠퍼스를 걸어 다녔다. 사방에 자전거를 탄 학생들이 있었다. 그들은 빠른 속도로 달리면서도 용케 서로 부딪히지 않았다. 그들은 루스와 라몬처럼 걸어가는 사람들을 요리조리 피해 다녔다. 그 모든 사람들 사이에 캠퍼스 투어 자원봉사자의 안내를 받으며 이리저리 돌아다니는 부모와 학생들이 있었다. 카페에 도착했을 때 루스는 자신과 라몬이 마실 커피를 샀다. 두 사람은 서로를 마주 보며 테이블에 앉았다.

"어떻게 상이 알아서 가는지 말씀해주세요." 라몬이 말했다.

"기본적으로 상을 받는 두 가지 방법이 있어."

"알아서 가는 상 말이죠?"

"맞아. 서두르지 마. 정말로 그렇게 돼. 어떤 물건을 더 낮은 비용에 더 효율적으로 만드는 방법을 찾으면 이익이 늘어나. 그 늘어난 이익이 상이야. 달걀이 한 예지. 양계장에 내재된 모든 기술은 혁신을 일으킨 사람에게 적어도 한동안 더 높은 이익을 안겨. 혹은 가격을 올려도 여전히 소비자들이 구매할 물건을 만드는 새로운 방법을 찾아낼 수도 있어. 그러니까 경쟁자보다 비싼 제품을 생산하여 실제로 상을 따내는 거지."

"예를 든다면요?"

"아이폰은 휴대용 카세트 플레이어를 대체한 아이팟을 대체했어. 시력 교정 수술은 안경을 대체한 콘택즈렌즈를 대체했어. 항생제는 거머리를 대체했어. 이미 있는 것을 많이 개선할수록 더 높은 가격을 매길 수 있고, 더 큰 이익을 거둘 수 있어. 상이 더 커지는 거지. 더 많은 사람들이 좋아할수록 상이 커져. 창의적인 사람들은 가격과 그에 따른 이익을 통해 소비자들이 원하는 일에 매달리게 돼. 소비자들은 그 지식을 직접 전할 필요가 없지. 지금도 아직 아무도 받지 못한 상들이 많이 있어. 훨씬 오래가는 전자기기용 배터리를 개발하면 상을 받아. 암을 고치면 큰 상을 받아. 반면 주름이 잡히지 않는 양말을 개발하면 아예 상을 못 받을 수도 있어. 상을 주는 사람이 없을 뿐 아니라 소비자들이 생산자와 혁신가들에게 무엇을 원하는지 말하게 해주는 이익과 가격 시스템을 설계한 사람도 없어."

"누구도 설계하지 않았다면 그런 시스템이 어디서 나온 거죠?"

"그냥 생겼어. 툭 튀어나온 거지. 게다가 잘 돌아가기 때문에 우리가 그냥 놔두는 한 계속 있을 거야. 스스로 생성되고 유지되는 거지."

"하지만 누구도 그 시스템을 관리하지 않는다면, 진행자도, 혁신부 장관도 없다면 많은 실수가 나오잖아요."

"물론이지. 코팸(Corfam)으로 신발을 만들려고 한 사람들도 있었어. 그들은…."

"코팸이 뭐예요?"

"인조 가죽이야. 코팸을 발명한 사람들은 자신들이 미리 자른 식빵 같은 걸 발명한 줄 알았어. 그들은 가죽 신발의 두 가지 큰 문제를 해결했어. 코팸은 방수가 되었을 뿐 아니라 흠집이 나지 않았어. 코팸 신발은 광을 낼 필요도 없었어. 코팸은 가죽보다 더 '나았어.' 하지만 소비자들은 코팸을 좋아하지 않았어. 겉모습을 싫어했지. 가죽처럼 보였지만 인조 소재라는 걸 알 수 있었거든. 너무 광택이 나고 너무 완벽했어. 게다가 방수 성능 때문에 땀이 찼어."

"그러면 실패작으로 끝났겠네요."

"맞아. 하지만 나중에 그 실수를 바로잡았어. 코팸은 소비자 시장에서 그냥 사라졌어. 내가 알기로 군용으로는 아직 인기가 좋지만 말이야. 그걸 발명한 영리한 사람들은 어깨를 으쓱하고는 더 나은 것을 개발하려 애썼어."

"하지만 그건 작은 실수잖아요. 누구도 주도하지 않아서 생기는 큰 실수는 어떡해요? 기업이 이익만 따지는 바람에 낭비되는 수많은 자원을 보세요."

"어떤 게 있지?"

"차들을 보세요. 왜 연비를 개선하지 않는 거죠?"

"연비가 얼마나 되어야 하는데?"

"자동차 회사들은 1갤런으로 100마일을 가는 방법을 쉽게 찾아낼 수 있었을 거예요."

"1갤런 당 200마일이면 더 좋을까?"

"당연하죠."

"정말?"

"휘발유를 적게 쓰는 게 언제나 더 나아요."

"그 말이 맞다면 아예 자동차 운행을 금지시켜야지. 그러면 휘발유를 적게 쓸 거 아냐. 삶은 절충이야. 연비를 높이라고 자동차 회사들에게 요구하면 차체가 가벼워져서 타고 다니기에 더 위험해질 거야. 차체의 무게는 그대로 유지하라고 요구하면 알루미늄이나 강철을 덜 쓰는 더 가벼운 차를 만들 동기가 사라지지. 우리가 정말로 원하는 건 자동차 회사들이 적절한 가치를 지니는 때에 고연비 차량을 만드는 거야."

"하지만 연비를 높이는 건 언제나 가치 있는 것 아닌가요?"

"아냐. 1갤런 당 100마일을 가는 차를 생산하는 데 20만 달러가 든다면 가치가 없어. 누구도 사지 않을 거야. 기술 비용이 연료 비용 절감분보다 크니까. 휘발유가 아주 저렴하거나 휘발유 대신 태양광으로 가는 차를 만들 수 있다면 1갤런 당 100마일을 가는 차를 개발하려고 수십억 달러를 쓰는 건 실수야. 연비를 높이기 위해 투입한 모든 노력과 시간이 결국 낭비되는 거지."

"좋아요. 하지만 지금 자동차 회사들은 사람들이 차값을 지불할 용의가 있는 한도 안에서만 연비를 높여요."

"맞아."

"문제는 휘발유 가격이 너무 낮다는 거예요. 그래서 연료 비용 절감분을 보면 굳이 비싼 돈을 지불할 가치가 없어요."

"맞아."

"그게 경제학의 문제예요. 모든 걸 돈으로 치환하죠. 그보다 중요한 가치도 있어요."

"네 말에 전적으로 동의해. 네가 걱정하는 건 어떤 건데?"

"기름이 다 떨어지는 거요. 세상의 자원을 전부 써버리는 거요."

"바로 그래서 가격의 역할이 중요한 거야. 기름이 귀해지면 가격이 올라서 사람들이 덜 쓰도록 유도할 거야. 유가의 역할을 무시하고 인력과 자원 그리고 다른 귀중한 것을 연비 상승에 투입하면 휘발유는 아낄지 몰라도 다른 자원을 낭비하게 돼. 더 귀중한 다른 것들을 소모하여 휘발유를 아끼는 거지. 기름과 알루미늄 중에 뭐가 더 중요할까?"

라몬은 잠시 생각했다.

"잘 모르겠어요. 둘 다 중요하고 유한해요."

"그러면 어느 것에 더 많은 자원을 투입해야 할까? 연비가 더 높은 차를 만들어야 할까, 두께가 더 얇은 음료수 캔을 만들어야 할까?"

"연비가 더 높은 차요."

"두께가 더 얇은 캔은 수백만 톤의 알루미늄을 아껴주지만 연비가 더 높은 차는 몇 갤런의 휘발유밖에 아껴주지 못한다면?"

"좋아요. 대답이 너무 빨랐어요. 조건에 따라 다른 것 같아요."

"어떤 조건?"

"알루미늄을 더 아끼는지, 휘발유를 더 아끼는지 따져야 해요."

"하지만 알루미늄과 휘발유를 어떻게 비교하지? 하나가 다른 하나와 같은 가치를 지니려면 양이 어느 정도여야 할까? 어떻게 판단하지? 무게?"

"아뇨. 제가 무슨 말을 하려는지 아시잖아요. 1톤의 알루미늄을 아끼는 것보다 100만 배럴의 휘발유를 아끼는 게 낫죠. 반대로 1배럴의 휘발유를 아끼는 것보다 100만 톤의 알루미늄을 아끼는 게 낫고요."

"확실해?"

"네."

"100만 배럴의 휘발유를 아끼려면 100만 명의 세계 정상급 엔지니어들이 10년 동안 노력해야 하지만 1톤의 알루미늄을 아끼기 위해서는 1명의 일반적인 엔지니어가 1시간만 노력하면 된다면 어떨까?"

"좋아요. 그럼 엔지니어의 수와 능력은 같은 것으로 가정해요. 100명의 엔지니어를 동원해서 100만 배럴의 휘발유를 아끼는 편이 더 나아요. 1톤의 알루미늄을 아끼는 데 같은 수의 엔지니어가 필요하다면요."

"확실해?"

"왜 함정 질문처럼 들리죠?"

"함정 질문이니까. 같은 수의 엔지니어를 동원해서 100만 배럴의 휘발유를 아끼는 쪽과 1톤의 알루미늄을 아끼는 쪽을 선택할 수 있다고 해도 여전히 후자를 선택하는 게 좋아."

"일단 그렇다고 쳐요." 라몬은 웃으며 말했다. "어떻게 그럴 수 있죠?"

"그 엔지니어들을 동원해서 태양광 자동차를 개발하는 편이 더 나으니까. 그러면 휘발유를 아끼는 건 가치가 없어. 마찬가지로 100만 톤의 알루미늄을 아끼는 방법을 찾아냈어도 가치가 없을 수 있어. 플라스틱 음료수 병을 대신 발명하면 되니까. 어느 순간 등장하여 새로운 것의 가치에 대한 셈법을 바꾸는 온갖 혁신에 어떻게 대응할까? 휘발유를 아끼는 일보다 알루미늄을 아끼는 일에 더 뛰어난 엔지니어가 필요하다면 어떨까? 누가 저렴하게 채굴할 수 있는 거대한 유전을 새로 발견한다면 어떨까? 혁신이라는 진행자 없는 라디오 방송은 가격과 이익을 활용하여 이 모든 것을 고려해. 알루미늄이 귀해지면 가격이 올라가. 그러면 알루미늄을 아끼는 데 따른 이익이 늘어나지. 다른 한편으로 더 얇은 캔을 만드는 데 필요한 엔지니어들의 몸값이 올라가면 음료수 회사의 비용이 늘어나. 그래서 알루미늄을 아끼는 일의 매력이 줄어들지. 누가 플라스틱 병을 만드는 방법을 찾아내면 알루미늄 수요가 줄어. 그래서 알루미늄의 가격이 내려가고 알루미늄을 아끼는 일의 매력이 마땅히 줄어들어. 기술부 장관이 경제에서 일어나는 이 모든 변화를 예측할 수는 없어. 혁신 부문의 군주가 현명한 결정을 내리는 데 필요한 모든 지식을 터득할 수는 없어. 설령 100만 대의 컴퓨터를 동원한다고 해도 말이야. 1,000종의 꽃이 피도록 놔두고 시행착오를 통해 최고의 선택지가 부상하도록 놔두는 편이 나아."

"시행착오라고 하니 너무 임의적인 것 같아요."

"그렇지 않아. 완벽하게 계획되지 않았을 뿐이지. 유전자 변이는 무작위로 이뤄져. 하지만 자연선택은 좋은 변화를 수용하고 나쁜 변화를 배척해. 경제적 진화는 무작위로 이뤄지지 않아. 제품의 변화는 무작위로 이뤄지지 않아. 지식과 혁신은 사람들이 원하는 것, 시장에서 살아남을 것을 예측하려는 창업자들을 통해서 나와. 그래서 경제적 진화는 생리적 진화보다 더 집중적으로 이뤄지지. 또한 경제적 진화는 생존만이 아니라 진보를 이뤄. 물론 대다수 신생 기업은 망해. 어떤 기업은 부실한 실행 때문에 망해. 다른 기업은 창업자와 투자자들이 소비자들을 잘못 대했거나 경쟁자가 누구도 예측하지 못한 일을 해서 망해. 어떻게 한 사람 혹은 한 팀이 전체 시스템을 조직할 수 있을까? 어떻게 무엇이 올바른 개선인지 판단할 수 있을까? 가격과 이익이 가장 높은 가치를 얻을 곳으로 자원을 유도하도록 놔두는 게 나아."

"하지만 그렇게 하는 게 항상 최선의 결과로 이어지는 건 아니라고 인정하셨잖아요."

"맞아. 게다가 코팸처럼 금세 사라지는 가끔의 실수만 나오는 게 아냐. 가격이 변동을 통해 우리의 행동을 부추기거나 가로막을 때 마땅히 포함해야 할 모든 정보를 항상 포함하지는 않아. 운전은 우리 모두가 마시는 공기를 오염시켜. 운전자는 휘발유를 사고 차를 유지하는 비용을 들이지만 배기구에서 나오는 독성물질은 무시하지. 그에 따른 운전의 대가는 과도한 오염으로 이어져."

"그게 소위 시장 실패라는 거죠? 경제학 강의 시간에 배웠어요."

"맞아. '시장 실패'라는 건 이런 상황에서 사익을 추구하는 각 개인의 행동이 바람직하지 않은 결과로 이어지는 거지."

"정부는 그런 문제를 개선할 수 있어요."

"맞아. 하지만 흥미로운 문제는 가능 여부가 아니라 의지 여부야."

"설명해 주세요."

"시장은 완벽하지 않아. 가격과 이익이 제공하는 동기는 완벽하지 않아. 사람들에게 사고파는 자유를 준다고 해서 항상 완벽한 결과가 나오는 건 아냐. 때로 가격을 낮추는 경쟁이 진입장벽 때문에 느리게 이뤄져. 그렇다고 해서 반드시 정부가 상황을 더 낫게 만들 수 있을까? 정치인들이 직면하는 동기도 완벽하지 않아. 아마 일부 혹은 대다수 정치인들은 세상을 더 나은 곳으로 만들고 싶어할 거야. 하지만 그들이 그 일만 신경 쓰는 건 아냐. 재선(再選)과 권력도 신경 쓰지. 그래서 올바른 일을 하기보다 이익집단의 요구를 따르는 경우가 많아. 특히 올바른 일이 무엇인지 확실하지 않거나 쉽게 눈에 띄지 않을 때 더욱 그래. 코팸 같은 실패작은 금세 사라져. 하지만 우체국, 에탄올 보조금, 농산물 가격보상제도, 부실한 공립학교는 영원히 존재해."

"하지만 사람들이 알아서 하도록 놔둬도 때로 환경오염 같은 재난으로 이어진다고 말씀하셨잖아요. 또한 때로 우리가 개인적으로 더 나은 선택을 하기 위해서 정부의 역할이 필요해요. 시장은 완벽하지 않아요."

"그렇지. 나는 무정부주의자가 아냐. 정부는 많은 부문에서 좋은 역할을 해. 가령 재산권과 계약을 강제하고, 공기를 정화하지. 다만 정치인들을 낭만적인 시선으로 바라보면 안 돼. 그들도 우리 같은 사람이야."

"하지만 교수님은 시장을 낭만적인 시선으로 바라보잖아요!"

"아마 그럴지도 모르지. 하지만 시장은 그럴만한 가치가 있어."

"왜 그렇죠?"

"보이지 않는 손을 상상하기는 어려워. 어차피 보이지 않으니까. 시장이 알아서 돌아가도록 놔두는 것, 사람들이 욕망과 꿈을 따르도록 놔두는 것은 세상을 더 나은 곳으로 만드는 일과 거리가 멀어 보이지. 그래서 대다수 사람들은 정부를 활용하여 문제를 해결하려는 자연스런 성향을 갖고 있어. 관리가 언제나 방치보다 나아보이니까. 하지만 그렇지 않아. 관리하지 않고, 조율하지 않고, 조직하지 않고, 기획하지 않는 행동의 미덕을 더 많은 사람들이 이해한다면 세상은 더 나은 곳이 될 거야."

"잘 모르겠어요. 사회가 오직 이익만을 기준으로 삼아서 중요한 결정을 내리는 것은 여전히 실수 같아요."

"이익은 휴가를 어디로 갈지, 누구와 결혼할지, 삶을 어떻게 살지 결정하는 기준으로는 부적절해. 이익이나 돈을 삶의 유일한 지침으로 삼으면 영혼을 잃고 말아. 어떤 멍청이가 자신을 받아줄 가장 돈 많은 여자와 결혼하겠어? 하지만 이익과 손실을 지침으로 삼지 않는 경제는 많은 고통을 초래해. 데이비드 콘펠드가 성자였더라도 이익이라는 동기가 없었다면 의료용 레이저 개발에 그렇게 많은 시간을 들이지 않았을 거야. 너무 힘든 일이고 개인적인 희생이 너무 크니까. 커피 한 잔 더 할래?"

라몬은 자리에서 벌떡 일어났다. 그는 머리를 흔들며 잠시 서성이다가 다시 자리에 앉았다.

"여전히 교수님이 이익을 너무 낭만적인 시선으로 바라보시는 것 같아요." 라몬은 루스 교수의 질문을 무시한 채 말했다. "심장병을 고치는 레이저를 옹호하기는 쉬워요. 해결책을 찾는 사람들이나 지식에 대해 추상적으로 말하기도 쉽죠. 그런 건 모두 좋아요. 하지만 교수님은 이익이라는 동기가 사람들의 삶을 파괴하는 양상을 무시해요. 사람보다 이익을 앞세우는 건 구조조정, 공장 이전, 외주 그리고 좋은 실적을 위해 기업들이 하는 온갖 일들로 이어져요. 아까 말씀하신 대로 겨우 두 사람이 양계장을 운영할 수 있으면 그만큼 일자리가 줄어요. 경제 전반에서 그런 일이 일어나고 있어요."

"맞아." 루스는 열정적인 라몬의 모습에 기뻐하며 말했다. "우리는 50년, 100년 전보다 훨씬 적은 인력으로 더 많은 자동차, 철강, 달걀, 의류를 생산해. 20세기 경제사의 핵심은 노동자들의 생산성이 높아졌다는 거야. 생산성을 높이는 한 가지 방법은 생산 과정에서 노동자를 배제하고 기계로 대체하는 거지."

"그러니까 부를 형성하는 모든 과정이 비정한 논리에 이끌리는 거네요. 사람이 하던 일을 기계가 대신하는 방법을 찾아서 비용을 줄이잖아요. 또 회사를 유지하려고 직원들을 잘라요. 어떻게 그런 일이 세상을 더 나은 곳으로 만들 수 있어요? 더 많은 이익을 올리는 기업들에게나 좋죠. 번영은 확산된다고 말씀하셨죠? 노동자들이 기계 때문에 계속 일자리를 잃는데 어떻게 그게 가능해요?"

"너는 노동시장이 의자 뺏기 같은 거라고 가정하는구나."

"의자 뺏기요? 아이들이 하는 놀이요?"

"그래. 가령 10명의 아이들이 생일파티에서 둥글게 놓인 의자에 앉아 있어. 잠시 후 음악이 나오면 아이들이 일어나 의자 바깥으로 돌아. 그때 의자 하나를 빼. 음악이 멈추면 아이들은 의자를 찾아서 앉아야 해. 하지만 의자가 충분치 않아. 그래서 아이들이 한 명씩 탈락하지. 달걀 생산에 대한 내 이야기가 노동시장을 의자 뺏기처럼 보이게 했구나? 달걀 회사, 음료수 회사, 자동차 회사, 농업 회사들은 생산에 필요한 노동자의 수를 줄일 방법을 계속 찾아. 앉을 의자가 하나씩 줄어드는 거지. 의자가 부족하다 보니 금세 수많은 실업자가 생겨나. 네가 말하려는 게 이거지?"

"패배자는 바깥으로 밀려나고 운 좋은 소수는 케이크를 먹는 특권층이 남겨준 부스러기나 얻어요. 제가 놓친 게 있으면 말씀해 주세요."

"공장에서 영리하게 설계되어 작업에 필요한 일손을 줄이는 기계를 쓰면 더 적은 노동자로 더 많은 제품을 만들 수 있어. 그만큼 생산성이 높아지지. 그 결과 이전에는 없던 것들을 만들 여유분의 자원이 생겨. 이건 단지 제품을 더 저렴하게 얻는 문제만은 아냐. 새로운 제품과 서비스 그리고 그에 따른 새로운 취업 기회가 폭발적으로 늘어나지. 지금은 30년 전에는 존재하지 않았던 컴퓨터산업의 일자리, 오락산업의 일자리, 의료산업의 일자리가 생겨났어. 100년 전은 말할 것도 없고 30년 전에도 존재하지 않았던 온갖 직업 범주가 생겨났어. 생산성이 높아지지 않으면 온갖 새로운 것들을 상상하고, 설계하고, 생산할 사람이 부족할 거야."

"멋진 이야기네요. 하지만 일자리가 있는 사람만 온갖 새로운 것들을 살 형편이 돼요. 사라진 일자리만큼 새로운 일자리가 생기는 건 아니잖아요? 오랜 노동자들이 새로운 일자리를 얻을 수 있는 기술을 어떻게 습득해요?"

"그래서 습득하지 못하는 사람도 있고, 고통받는 사람도 있고, 결국 과거보다 급여가 적은 일자리를 얻는 사람도 있지. 하지만 많은 사람들은 결국에는 더 잘 살게 돼. 이전보다 많은 선택지를 얻지. 그리고 변화를 극복해야 했던 노동자들의 자녀인 신세대는 꿈과 능력에 따라 세상을 만들어 가. 고용 변화는 기회를 만들어. 새로운 기회는 잃어버린 기회보다 훨씬 많아."

"증명할 수 있어요?"

"그럼. 1900년에 미국에는 약 3,000만 개의 일자리가 있었어. 1세기 후에는 그 수가 1억 3,000만 개로 늘었어. 해마다 전년보다 일자리가 늘어나. 100년 만에 1억 개의 새 일자리가 생긴 거야! 그 과정에서 엄청난 수의 일자리가 사라지기도 했어. 어떤 공장은 노동자들을 해고해. 혹은 은퇴하거나 그만둔 인력을 대체할 인력을 고용하지 않아. 어떤 공장은 아예 문을 닫거나 멕시코나 인도로 옮겨가. 그러면 일자리가 전부 사라지지. 그렇게 사라진 일자리에 대한 기사들이 지역신문의 1면을 장식해. 앉을 의자가 갈수록 줄어드는 거지."

"맞아요. 그런데 거기에 무슨 긍정적인 측면이 있어요?"

"노동시장은 의자 뺏기와 달라. 일자리의 총 수는 주로 일하고 싶어하는 사람들의 수로 결정돼. 20세기 대부분의 기간에 일하고 싶어하는 사람은 계속 늘어났어. 불황이나 불경기가 발생한 몇 년을 제외하면 사라진 일자리보다 새로 생긴 일자리가 많았던 거지. 20세기 후반기에 더 많은 여성들이 일하고 싶어했을 때 어떤 일이 생겼는지 봐. 그들이 다른 사람들이 앉던 의자를 가져갔어? 아냐.

그들은 자기 의자를 갖고 왔어. 또 20세기의 마지막 20년 동안에는 이민자가 급증했어. 그래서 실업률이 치솟았어? 이미 여기 있던 사람들이 얻을 일자리가 줄었어? 아냐. 이게 생산성의 역설이야. 2명이 80만 마리의 닭을 키우는 게 1,000명이 더 적은 닭을 키우는 것보다 나아. 그러면 998명이 다른 일을 해서 세상을 더 나은 곳으로 만들 수 있지. 우리는 일자리를 파괴하면서 더 부유해져. 998명은 죽지도 굶지도 않아. 새로 생긴 회사나 달걀 가격이 내려가서 사업을 확장할 수 있는 회사에서 새 일자리를 찾아.”

“달걀 가격이 내려간다고 해서 어떻게 일자리가 더 생겨요?”

“달걀 가격이 내려가면 다른 걸 살 돈이 생기잖아. 이 돈은 저절로 주어지는 상이야. 창업자들, 창의적인 사람들이 언제나 새로운 물건을 고안해서 상을 타려는 이유가 거기에 있지. 달걀을 비롯하여 다른 수많은 제품의 가격이 내려가서 생긴 여윳돈 없이는 새로운 걸 사려면 오래된 것을 포기해야 해. 생산성이나 교역을 통해 물건을 더 저렴하게 만들면 케이크를 얻을 수 있을 뿐 아니라 먹을 수도 있어. 우리는 더 많은 달걀, 아이팟, 인공관절 그리고 삶을 풍요롭게 해주는 다른 모든 걸 가질 수 있어.”

“하지만 ‘우리’ 가 누구예요?” 라몬은 화난 목소리로 말했다. “물론 부자들은 더 부유해지겠죠. 하지만 도대체 어떤 나라가, 어떤 냉혹한 체제가 가난한 사람들을 그렇게 괴롭히나요? 공장 소유주와 주주들을 더 부유하게 만들려고 그들의 일자리를 빼앗나요? 정말

야비해요. 그렇게 해도 된다는 생각 자체가 부도덕해요. 주주와 경영진이 돈을 더 벌 수 있도록 노동자들을 쫓아내는 것 말이에요. 좋아요. 노동자들이 자기 의자를 갖고 올 수도 있죠. 하지만 그 의자에는 더 적은 급여가 붙어 있어요. 예를 들어서 심장병을 고치는 레이저만 해도 그래요. 누가 그 비용을 낼 수 있죠? 보험에 가입한 사람들이에요. 하지만 빅박스 같은 기업들은 직원들에게 보험에 가입할 수 있을 만한 급여를 주지 않아요. 왜 그럴까요? 이익 때문이에요. 교수님이 대단히 높이 평가하는 그 이익요. 이익은 급여와 복지 혜택을 줄이게 만들어요. 그게 교수님이 좋아하는 낮은 가격의 대가죠. 가격을 낮추는 유일한 방법은 급여를 낮추는 거예요. 빅박스가 위험한 이유가 거기에 있어요. 일자리를 잃은 수많은 노동자들이 그런 데서 일한다고요."

"전에는 빅박스가 가격을 올려서 화를 내지 않았어?"

"지진이 일어난 날 가격을 올린 것 때문에 그랬죠. 하지만 평소에는 너무 싸게 물건을 팔아요. 항상 가격을 낮춘다고요."

"그럼 좋잖아?"

"하지만 급여를 낮춰서 그렇게 하잖아요."

"그 반대야."

"무슨 말이에요?"

"빅박스나 월마트 같은 유통업체는 숙련도와 급여가 비교적 낮은 직원들이 생산성을 발휘할 방법을 찾았기 때문에 물건을 싸게 파는 거야. 경쟁은 비용 절감분을 소비자에게 넘기도록 강제해. 거기서 일하는 직원들이 평균적인 노동자들보다 적게 버는 이유는 숙련도가 부족하기 때문이야. 빅박스나 월마트가 없다면 그들이 마법처럼 다른 데서 일자리를 찾아 더 착하고 덜 욕심 많은 고용주 밑에서 일하게 될까? 중위 임금보다 적게 버는 노동자들은 하필 이익만 추구하는 회사에서 일하는 운 나쁜 사람들일까? 나머지 절반은 운이 좋아서 좋은 회사에서 일하는 걸까? 일단 월마트 그리고 월마트를 따라잡을 수 있었던 타깃, 빅박스, 코스트코 같은 유통업체들은 저숙련 노동자에 대한 수요를 늘려서 임금을 높였어. 샘 월튼(Sam Walton)은 저숙련 노동자의 생산성을 높이는 사업모델을 만들었어. 그래서 임금이 높아졌지."

"교수님, 어떻게 월마트나 빅박스 같은 회사들 때문에 노동자들의 사정이 나아졌다고 말할 수 있어요? 대형 유통업체들은 이익을 늘리려고 임금을 낮추잖아요?"

"그러고 싶어하지. 아무리 관대하든, 사랑이 넘치든, 탐욕스럽든 모든 회사에서 일하는 모든 노동자가 돈을 더 벌고 싶어하는 것처럼 말이야. 기업들은 임금을 낮추고 싶어해. 하지만 그러지 못해. 어떻게 할 수 있겠어?"

"기업들이 가격을 낮추려 하지 않는다는 말인가요?"

"그건 맞아. 그렇게 낮춰진 가격은 대부분 가난한 수백만 명의 소비자들에게 도움을 줬어. 기업은 경쟁업체보다 가격을 낮추거나 임금을 올릴 수 있어. 하지만 마음대로 가격을 올리거나 임금을 낮추진 못해. 고객과 직원을 잃을 거니까. 그건 내가 은퇴자금을 마련하려고 집을 팔 때 웃돈을 받으려 하는 것과 같아."

"에이미한테 그 얘길 들었어요. 하지만 교수님은 한 명의 주택 소유자일 뿐이잖아요. 월마트는 거대해요."

"사실 그렇지 않아. 직원이 100여만 명 정도밖에 안 돼."

"100여만 명 정도라고요?" 라몬은 믿을 수 없다는 표정으로 루스를 바라보았다. "그게 적다는 거예요?"

"엄청나게 많아 보이지만 미국 노동인구의 약 1퍼센트밖에 되지 않아. 팰로앨토에 매물로 나온 집이 '겨우' 100채라면 대안이 99채뿐이기 때문에 내가 집을 팔 때 웃돈을 요구할 수 있을까? 월마트가 경쟁업체보다 임금을 적게 주면 누가 거기서 일하겠니? 월마트가 새 매장을 열면 사람들이 일자리를 구하려고 줄을 서. 왜 그럴까? 왜 억압받으려고 줄을 설까? 거기서 일하는 수많은 사람들은 그게 좋은 일자리라고 생각해. 그들에게는 그래."

"제가 아는 사람 중에 월마트가 미국에 도움이 된다고 말하는 사람은 교수님뿐이에요."

"아냐. 나는 월마트를 만든 과정이 미국에 도움이 된다고 생각해."

"같은 거 아니에요?"

"전혀. 월마트가 경쟁업체의 품질과 가격을 따라잡지 못한다면

망하는 게 낫다고 봐. 그 경우에는 어차피 이전에 사라진 많은 경쟁 업체들처럼 언젠가는 망하겠지만."

라몬은 대꾸하지 않고 루스 교수의 말이 맞을 수 있는지 생각했다. 루스는 벌새 한 마리가 잠시 수풀 위를 맴돌다가 꿀을 찾아 다른 곳으로 날아가는 모습을 바라보았다.

"좋아요." 라몬은 말했다. "교수님의 말씀을 수긍한다고 쳐요. 그래도 월마트에서 일하지만 돈을 별로 벌지 못하는 사람들이 많아요. 그들을 돕겠다면 어떤 일을 하시겠어요?"

"내가 뭘 하지 않을지는 알아. 나는 월마트가 매장을 닫게 만들거나, 사업 확장을 막거나, 임금을 높이고 의료 혜택을 늘리도록 강요하지 않을 거야. 이런 일들은 좋은 의도로 하는 것이라도 도움을 주려는 사람들에게 결국 해를 입혀. 노동자를 채용하는 비용을 높이거든. 게다가 이런 일들이 항상 좋은 의도로 이뤄지는 것도 아냐. 대부분은 성공한 기업의 발목을 잡으려는 경쟁업체들이 꾸미는 일이지. 그건 기업에게는 나쁜 선택지야. 고객을 만족시킬 더 나은 방법을 찾기보다 워싱턴이나 주도(州都)에서 정치인들을 설득해서 인위적인 경쟁우위를 얻으려 하는 것 말이야. 게다가 모든 게 정말 퇴행적이야. 월마트가 임금을 높이도록 강요하거나 로비를 할 것이 아니라 저숙련 노동자들이 숙련도를 높이도록 만들 방법을 찾아야해. 그게 힘들게 사는 사람들을 돕는 더 나은 방법이야."

"그동안은 어떻게 해요?"

"그동안에도 네가 생각하는 것보다 사정이 좋아. 가난한 사람들도 번영의 혜택을 나눠 받아. 내 사무실에 잠시 올 수 있겠니? 거기서 데이터를 확인할 수 있어. 아마 놀랄 거다."

루스는 그 제안이 도박이라는 걸 알았다. 하지만 라몬이 여전히 관심이 있을 것이라고 믿어보기로 했다. 기쁘게도 라몬은 제안을 받아들였다. 두 사람은 루스의 사무실로 걸어갔다. 회의에 참석하지 않아서 의아해하거나 어쩌면 화를 내는 전화 메시지가 쌓이고 있을 교무처장실이 아니라 경제학과에 있는 교수실이었다. 두 사람은 컴퓨터 앞에 앉았다. 루스는 라몬에게 불평등과 이동성 그리고 사람들의 경제사정이 나아졌는지 혹은 나빠졌는지에 대한 연구 결과를 보여주었다. 또한 다른 정치적 입장을 가진 사람들이 가족 소득, 가구 소득, 임금, 보상 중에서 유리한 자료를 고르고, 분석 시점을 유리하게 정하고, 물가상승률을 무시하거나 잘못 계산해서 논쟁을 왜곡하는 양상도 보여주었다. 루스 교수의 설명이 끝났을 때 라몬은 통계가 어떻게 활용되고 남용되는지 많이 알게 되었다. 마침내 한 시간에 걸친 질문과 대답이 끝난 후 라몬은 자리에서 일어섰다.

"하나만 더 물어봐도 될까요?" 라몬이 말했다.

"얼마든지 물어봐."

그때 전화기가 울렸다. 루스는 얼핏 전화기를 바라보고는 라몬에게 시선을 돌렸다. 받지 않겠다는 뜻이었다.

"오늘 말씀하신 대로라면 미국이 지금과 같은 생활수준을 달성한 이유는 이익과 가격이 창업자와 창의적인 사람들에게 다른 사람들이 중시할 만한 새로운 것을 발견할 동기를 부여했기 때문인 거네요. 제대로 정리한 것 맞나요?"

"나도 그만큼 잘하지는 못할 것 같아."

"기술과 지식이 번영의 열쇠라면 왜 모든 나라가 똑같이 부유하지 않죠? 쿠바, 가나, 시리아, 페루도 교수님이 말씀하신 양계장 관리 시스템을 살 수 있어요. 기술은 어디서나 구할 수 있어요. 하지만 어떤 나라는 가난하고 어떤 나라는 부유해요. 경쟁이 가격을 낮춰서 소비자에게 혜택을 안긴다면 왜 멕시코의 소비자들은 부유하지 않죠? 왜 우리 엄마는 쿠바보다 미국에서 더 높은 생활수준을 누리죠?"

불쏘시개에 불이 붙었다. 라몬은 더 이상 분노하지 않았다. 단지 궁금해할 뿐이었다. 그는 이해하고 싶었다. 루스는 라몬의 얼굴을 감싸쥐고 입을 맞춰주고 싶었다. 하지만 충동을 억누르며 미소를 지어보였다.

"내가 그 답을 안다면, 노벨상을 탔겠지. 하지만 기본적인 설명은 가능해. 부유한 나라는 더 많은 자본을 갖고 있어. 더 많은 물리적 자본, 그러니까 기계, 공장, 컴퓨터를 갖고 있지. 부유한 나라의 국민들은 물리적 자본을 활용할 더 많은 인적 자본, 즉 지식, 기술을 갖고 있어. 또한 부유한 나라에는 위험을 감수하고 두 자본을 축적하도록 장려하는 정책들이 있어. 경제적 지식과 정치권력도 분산되어 있지. 반면 가난한 나라는 닥치는 대로 원하는 것을 취하는 깡패들이 국정을 운영할 가능성이 높아. 쿠바나 시리아를 생각해 봐. 이런 현실은 물리적 자본이나 인적 자본의 축적을 저해해. 노동자들의 생산성을 높일 외국인 투자도 저해하지. 깡패들의 존재는 위험 감수를 저해해. 가난한 나라들은 경제적 이권이 집중되어 있어서 경쟁을 촉진할 모든 변화에 저항해. 일본의 유통 부문이나 아르헨티나 같은 나라의 전체 경제를 생각해 봐. 아르헨티나가 1920년에는 세계적으로 손꼽히는 부국이었다는 거 알아? 무엇이 잘못된 걸까? 사람들은 미국에서 부자들이 모든 규칙을 만든다고 우려해. 하지만 그들은 아르헨티나 같은 나라의 경제를 공부한 적이 없어. 아마 1920년에 아르헨티나에서 잘살던 사람들은 지금도 부유한 미국인들만큼 잘살고 있을 거야. 다만 수가 많지 않다는 게 다를 뿐이지. 그들은 경쟁을 통해 부를 확산시키는 모든 변화에 저항했어. 부유한 나라들은 제품, 서비스, 인력이 보다 자유롭게 국경을 드나들도록 해. 가난한 나라들은 교역을 제한하지. 자족은 빈곤에 이르는 길이야. 다른 나라의 기술을 활용하고 직접 효율적으로 만들 수 없는 물건을 사는 게 나아. 부유한 나라들은 법치를 따르기 때문에 사람들이 안심하고 물건을 사거나 계약을 맺을 수 있어. 그 결과물을 누가 마음대로 빼앗지 못한다는 걸 아니까. 게다가 부유한 나라들에는 모든 일에 계약을 맺을 필요가 없는 신뢰의 문화가 형성되어 있어. 하지만 하나의 요소로 정리해야 한다면 부유한 나라들에는 더 많은 자유가 있어. 혁신하고, 경쟁하고, 위험을 감수하고, 실패할 자유, 경쟁하고, 교역하고….”

다시 전화기가 울렸다. 루스는 시계를 바라보았다. 거의 2시였다. 점심시간 내내 라몬과 이야기를 한 셈이었다. 그녀는 뜻하지 않게 중요한 회의를 놓쳐버렸다. 게다가 아무리 호기심 많은 학생이라도 경제학에 대해 이야기하고 생각할 수 있는 시간에는 한계가 있었다. 어쩌면 라몬에게 휴식을 주는 게 최선일지도 몰랐다. 루스는 수화기를 들었다.

“여보세요.”

수화기 저편에서 교무처장실에 있는 비서가 말을 쏟아냈다. “별일 없으세요?”, “어디 계셨어요?”, “휴대폰이 고장 났어요?”, “2시에 주지사와 회동이 있는데 안 오시면 뭐라고 말해야 하나요?” 등등.

주지사는 80년도 졸업반으로 좋은 사람이었다. 전임자만큼 유쾌하지는 않지만 만나면 항상 기쁜 사람이었다. 물론 루스는 약속을 지킬 것이었다. 급히 걸어가면 3분 만에 도착할 수 있었다. 루스는 전화를 끊고 심호흡을 한 후 다시 시계를 바라보았다. 2시 4분 전이었다.

“라몬, 일이 생겼어. 가야 해. 대신 책을 몇 권 줄게.”

루스는 서둘러 책장을 오가며 세 권의 책을 꺼냈다.

“안 그러셔도….”

라몬은 사양하려 했다.

"받아. 그냥 주는 거야. 어차피 조만간 정리해서 다른 데 둘 곳을 찾을 참이었어." 루스는 사무실 전체를 가리키며 손을 휘저었다.

"그래도," 라몬은 다시 사양하려 했다. 하지만 루스는 책을 라몬에게 내밀었다.

"여기 있고 싶은 만큼 있어." 루스는 문으로 향하며 말했다. "나 갈 때 문만 닫고 가. 급하게 가서 미안해." 루스는 이미 복도를 절반쯤 지나며 소리쳤다. 루스는 모퉁이를 돌자마자 계단을 향해 뛰기 시작했다. 주지사를 기다리게 할 필요는 없었다. 루스는 한나절 동안 업무를 보지 않았다는 사실을 총장이 알면 뭐라고 말해야 할지 생각했다. 나이가 들어서 깜빡했다고 할까? 연속으로 깜빡했다고 할까? 루스는 사실대로 학생과 대화를 나눴다고 말하기로 했다. 4시간 동안? 그래도 상대가 평범한 학생이 아니었다. 그렇게 해명하면 될 것 같았다. 총장은 루스가 진짜 의도를 말해도 절대 믿지 못할 것이었다.

chapter 11
꿈을 엮는 존재

가슴이 더 이상 오르내리지 않는다. 모니터에 일직선이 나타나고 순간, 의사들만이 무슨 일이 일어났는지 안다. 그들은 갑작스런 고요에 머뭇거린다. 그 순간 병상 주위를 둘러싼 모든 것이 정말로 멈춘다. 뒤이어 의사들이 추운 아침에 겨우 시동이 걸린 엔진처럼 다시 정신을 차린다. 침묵과 긴장의 순간이 지난 후 뉴스가 밖으로 퍼져 나가면서 거대한 폭풍처럼 쿠바 전역을 덮친다.

위대한 지도자가 죽었다는 소식이 퍼지면서 무엇이 바뀌었고 무엇이 같은지 파악하려고 뇌와 혀들이 움직인다. 1960년대 차량의 부품을 수집하고 판매하는 사람은 대신 무슨 일을 할 수 있을지 고민한다. 집 거실에서 식당을 운영하는 여성은 감자껍질을 벗기며 진짜 식당을 열어볼까 생각한다. 마법의 손을 가진 소년, 천 일의 오후 동안 천 개의 농구공을 길들인 소년은 미국 대학에 가는 꿈을 꾼다. 유럽인을 상대하는 국영 호텔의 지배인은 1년 후에도 일자리를 지킬 수 있을지, 만약 그렇다면 일이 더 쉬워질지 어려워질지 궁금해한다. 감옥을 관리하는 내무부 장관은 더 평온하고 돈이 덜 되는 일을 하고 싶은 갑작스런 충동을 느낀다.

라몬은 대학 이후의 삶이 테니스 같다고 생각했다. 그런 실없는 생각을 한다는 생각 자체가 민망하기는 했지만 말이다. 테니스를 잘 하려면 네트로 전진해야 할 때와 베이스라인에 머물러야 할 때를 알아야 한다. 대학 이후의 삶은 테니스와 같다. 계속 공을 주시해야 한다. 아니 테니스보다 힘들다. 훨씬. 어쩌면 테니스 대회와 비슷할지도 모른다. 시드가 높든 낮든 항상 기회가 있다. 이 말은 거짓이다. 삶은 테니스 경기가 열리기 전의 라커룸과 비슷하다. 아무리 뛰어난 선수도 같은 인간일 뿐이다. 우리는 삶이라는 거대한 라커룸에 있다. 우리는 서로를 동등하게 대해야 한다. 우리는 같은 인간이다. 멋진 말이다. 이제 라몬의 생각은 빠르게 흘러간다. 어쩌면 삶은 테니스와 전혀 비슷하지 않을지도 모른다. 테니스에서는 0점을 러브(love)라 한다. 하지만 삶에서 사랑(love)은 모든 것이다. 이렇게 말하면 될까? 그는 '아냐. 형편없어.' 라고 생각한다. '형편없는 정도가 아냐.'

금요일 아침이었다. 일요일에 졸업식이 열리는데 라몬은 아직 고별사를 어떻게 끝내야 할지 몰랐다. 나머지 부분은 꽤 만족스러웠다. 루스 교수가 곤란해질 수도 있지만 내용을 바꿀 방법이 없었다. 왜 대화만 몇 번 나눴을 뿐 잘 알지도 못하는 루스 교수가 자꾸 생각나는 걸까? 절대 루스 교수에게 항복할 수는 없었다. 절대 루스 교수를 기쁘게 하려고 신념을 버릴 수도 없었다. 그래도 고별사는 시위에서 생긴 불미스런 일을 바로잡을 기회, 모교에서 더러운 돈이 남긴 얼룩을 지울 기회였다. 마침내 그는 헤비 웨더 패거리의 속임수에서 벗어나 스스로 상황을 통제할 수 있었다.

마무리 부분은 잠시 잊어도 좋았다. 졸업식까지는 아직 시간이 있었다. 자전거를 타면 머리가 맑아질지도 몰랐다. 라몬은 고별사를 제쳐두고 산을 오르기로 했다. 서쪽으로 자전거를 몬 라몬은 페이지 밀 로드(Page Mill Road)를 지나 팰로앨토의 산꼭대기에 있는 공원으로 향했다. 힘들지만 고생스럽더라도 가볼 만한 풍경이었다. 라몬은 힘차게 페달을 밟아서 샌프란시스코만과 바다를 나누는 산등성이를 올라갔다. 계속 페달을 밟는 사이에 금세 시위, 가격, 루스 교수에 대한 생각이 사라졌다. 정상에 있는 공원에 도착한 라몬은 에이미와 자주 앉던 벤치로 향했다. 산꼭대기에 있는 그 벤치에 앉으면 학교, 후버 타워, 바다와 다리 그리고 건너편에 있는 산들이 보였다. 벤치로 가는 도중 휴대폰이 진동했다. 발신자를 보니 엄마였다. 내일 비행기로 온다는 사실을 확인시켜주려는 게 분명했다.

"엄마, 무슨 일이야?" 라몬은 스페인어로 말했다. 그러나 엄마가 몇 번이고 무슨 말을 외치는 소리만 단속적으로 들렸다. 뒤에서 들리는 음악소리가 엄마의 목소리를 흐릿하게 만들었다.

"잘 안 들려. 괜찮아?"

"죽었어! 죽었다고!" 엄마가 소리 질렀다.

"누가?" 세상에. 에두아르도 외삼촌인가? 몸이 안 좋으셨잖아. 라몬은 길가로 비켜섰다. "엄마, 마음이 많이 아프겠네."

"마음이 아프다고? 왜? 죽었다고! 카스트로가 죽었다니까!"

"카스트로! 난 에두아르도 외삼촌인 줄 알았잖아."

"에두아르도? 에두아르도는 지금 여기서 술 마시며 춤추고 있어."

두 사람은 한동안 대화를 나눴다. 초현실적인 대화였다. 라몬은 4,800킬로미터 떨어진 곳에서 엄마와 친척들의 세계를 뒤흔든 변화에 아무 영향을 받지 않는 고요한 풍경 속에 있었다. 라몬은 통화를 끝내고 잠시 앉아 있었다. 뒤이어 다시 자전거를 타고 집으로 향했다.

라몬의 휴대폰이 다시 진동했다. 내려다보니 에이미의 전화였다.

"응."

"괜찮아?"

에이미의 목소리는 잔뜩 흥분한 상태였다.

"왜 그래? 왜 괜찮냐고 물어?"

"지금 어디 있어?"

"자전거 타는 중이야. 집까지 한 30분 걸려. 넌 어딘데?"

"네 아파트 밖에 있어. 어젯밤에 네 집에 놔둔 책을 가지러 왔는데 문 근처에도 못 가. 거리에 사람들, 캠퍼스 경찰, 방송팀, 큰 안테나가 달린 밴들이 가득해. 폭스, CNN, ESPN이 다 와 있어. 없는 방송국이 없어. 지역 방송들도 전부 중계차를 보냈어. 진짜 괜찮은 거 맞지? 왜 사람들이 여기 진을 치고 있는지 혹시 알아?"

"몰라. 최근에는 대회에서 우승한 적도 없고 시위에서 연설한 적도 없어. 그냥 평범하고 전형적인 하루였어. 카스트로가 죽었다는 걸 빼면. 엄마가 방금 전화했어. 말을 멈추질…."

"그거였구나."

"뭐?"

"취재진이 찾아온 이유 말이야. 사람들이 네 집에 몰려온 게 그거 때문이었어. 널 기다리고 있는 거야. 네 반응을 따 가려고."

"왜 날 인터뷰하려고 하지? 나는 테니스를 치는 스탠퍼드 대학생일 뿐이야. 누가 내 생각을 신경 써? 엄마는 이야기가 다르지. 엄마는 쓰기 좋은 말을 해줄 텐데. 나는 카스트로하고 아무 상관없어. 5살 때 쿠바를 떠났으니까. 아마 사람들은 다른 이유 때문에 거기 모인 걸 거야. 위층 사람이 또 난리를 쳤나 보지."

"라몬, 정신 차려. 아직도 몰라? 넌 세상에서 가장 유명한 쿠바인이야. 적어도 살아 있는 사람 중에서는 그래. 전에는 턱수염을 기르고 시가를 문 사람이 유명했지. 하지만 지금은 죽었어. 이제는 너야. 너는 미국 대통령 다음으로 모두가 인터뷰하고 싶어하는 사람이야."

수화기 맞은편에서 오랜 침묵이 흘렀다. 처음에 에이미는 산속이라 연결이 끊어졌다고 생각했다. 그때 라몬이 페달을 밟으며 내는 숨소리가 들렸다. 아마도 에이미의 말이 맞다는 사실을 인정하는 듯했다.

"나하고 같이 있어줄 수 있어? 사람들이 나를 쉽게 못 알아볼 조용한 곳이면 좋겠어."

그녀는 잠시 생각했다.

"배드랜즈(Badlands) 어때?"

"완벽해. 45분 정도면 도착할 거야. 거기서는 매들만 날 알 거야. 자연탐방센터에서 보자."

평일 아침, 습지에는 에이미와 라몬뿐이었다. 제비들은 습지를 걷는 두 사람을 아랑곳 않고 춤추듯 재빨리 날아다녔다. 두 사람은 습지 중앙에 있는 전망대의 난간에 기대서 샌프란시스코만 건너편에 있는 산들을 바라보았다.

"기분이 어때?" 에이미가 물었다.

"이상해. 카스트로에 대해서는 별로 생각해 본 적이 없어. 엄마는 카스트로를 싫어해. 아니, 싫어했어."

라몬은 이야기를 이어가기 전에 실수를 바로잡았다.

"하지만 아빠는 자기는 괜찮을 거라고 생각한 것 같아. 그러니까 쿠바에 계속 있었지."

"엄마한테 그걸 말한 적이 있어?"

"아니. 엄마는 그 얘길 싫어해. 아마 그 문제로 아빠하고 싸웠을 지도 몰라. 나는 그게 나와 관계가 있는지 항상 궁금했어."

"네 아빠의 입장이 되어 봐. 넌 국민에게 사랑받는 사람이고, 정부가 주시하고 있어. 또 젊은 아내가 있어. 아이도 곧 태어날 거고. 그런데 다른 나라로 가고 싶겠니?"

"메이저리그의 속구를 감당할 수 있을지도 모르고."

"그 문제가 많이 중요했을 거야. 하지만 다른 문제들도 중요해. 네 아빠가 쿠바에 머물렀다는 사실만으로는 말할 수 있는 게 많지 않아. 아빠 생각 얼마나 자주 해?"

"그렇게 자주는 아냐. 그냥 매일."

에이미는 라몬의 손을 잡았다. 두 사람은 말없이 새들을 바라보았다.

"네 엄마가 쿠바에 그냥 있었다면 네 삶이 어땠을지 생각해 본 적 있어?"

"당연하지. 미국이 싫은 부분도 많아. 하지만 여기에는 쿠바에서 절대 경험하지 못할 것들이 아주 많아."

"예를 들자면?"

"테니스만 해도 그래. 테니스는 쿠바에서 중요한 스포츠가 아냐. 난 아마 야구선수가 됐을 거야. 아니면 누가 알아? 육상을 했을지도 모르지. 내가 육상을 좋아했을까? 아마 그럴 거야. 하지만 테니스만큼 좋아하지는 않았을 거야."

"다른 건?"

"여기가 삶이 더 수월해. 가끔은 너무 수월한 것 아닌지 걱정하기도 해. 하지만 수월한 게 좋은 경우가 많지.”

“또 다른 건?”

“어떤 거?” 라몬은 웃으며 되물었다.

“응. 몰라. 아무거나. 여기에는 더 좋은 치실이 있잖아. 쿠바에서
자랐다면 갖지 못했을 다른 것들이 분명히 있을 거야.”

“생각 안 나. 금발 미녀 말고는….”

라몬은 에이미를 바라보며 긴 키스를 나눴다.

“에이미라는 금발 미녀. 아바나에는 에이미라는 금발 미녀가 별
로 없거든.”

“지금 쿠바에서는 무슨 일이 일어나고 있을 것 같아?” 에이미가
물었다. “상황이 바뀔 거라고 생각해? 어떻게 바꼈으면 좋겠어? 언
론 인터뷰나 졸업식 고별사에서 그 얘기를 하고 싶어? 사람들이 듣
고 싶어할 거야.”

“무슨 일이 일어날지 알긴 어려워. 전환점이 될 것 같기는 해. 아
마도. 정말로 변화가 일어나서 쿠바에 자유가 찾아온다면 엄마가
돌아가려고 할지 궁금해.”

“넌?”

라몬은 어깨를 으쓱했다. 모든 것이 너무나 초현실적이었다.

“상상하기 어려워. 사실 더 시급한 문제가 있어. 집 앞에 모인 사
람들은 어떡하지?”

“몰라. 하지만 도움이 될 사람은 알아.”

루스는 전화를 기다리며 테라스에 앉아 커피를 마셨다. 그동안 지난 일요일자 〈뉴욕타임스 매거진〉의 낱말 퍼즐을 끝내려 애썼다. 다섯 자, 멕시코 여배우. 전혀 생각나지 않았다. 어쩌면 나들이를 더 자주 해야 했을지도 몰랐다. 루스의 머릿속에는 좋아하는 테니스 선수와 다가오는 졸업식 고별사에 대한 생각이 떠올랐다. 아까 총장에게 전화가 왔다. 밥 바크먼이 딸의 졸업식에 참석하기 위해 샌프란시스코에 와 있음을 상기시키는 전화였다. 그를 만나서 복합 연구소 건설 기금을 지원한다는 약속을 받아내야 할까?

참, 바크먼의 딸이 우리 학교 학생이었지! 루스는 코델리아 바크먼을 잊고 있었다. 상황이 좋지 않았다. 밥 바크먼이 참석한 자리에서 라몬이 고별사로 빅박스를 저격하면 다음 기부는 기대할 수 없었다. 더 이상의 기부는 없을 것이었다. 어떻게 해야 할까? 뭐, 그냥 돈일 뿐이었다. 사실, 엄청나게 많은 돈이었다. 루스는 도저히 난관에서 벗어날 길을 찾을 수 없었다.

게다가 루스는 라몬의 세계를 생각하게 되었다. 그는 알고 지내기에 밥 바크먼보다 훨씬 나았다. 또한 적어도 바크먼 같은 CEO만큼 영향력 있는 동문이 될 잠재력을 갖고 있었다. 루스는 아무런 행동을 하지 않는 데 대한 핑계로 이런 생각들을 했다. 그를 그냥 놔두는 것은 실로 당연한 일이었다. 루스는 잊어버리자고 생각했다. 다시 멕시코 여배우의 이름을 생각해 내야 할 때였다. 첫 글자는 H였다. 아무 생각이 나지 않았다. 루스는 퍼즐을 내려놓았다. 라몬이 에이미와 같이 옆마당으로 걸어오는 게 보였다.

"방해해서 죄송합니다. 전화를 해도, 정문에서 불러도 응답이 없었어요."

"너희들 괜찮아?" 루스는 두 사람이 불쑥 찾아온 걸 보니 뭔가 큰일이 생겼다고 생각했다.

"카스트로가 죽었어요." 에이미가 말했다.

"알아. 인터넷에서 봤어."

"그래서 라몬에게 약간 문제가 생겼어요."

에이미는 라몬의 아파트로 몰려든 취재진에 대해 이야기했다.

"내 인생도 복잡해졌어. 여기는 조금 더 조용하긴 하지만."

"무슨 문제가 있어요?" 에이미가 물었다.

"졸업식 축사를 할 사람이 못 올지도 몰라. 전 국무부 장관이었지. 대통령이 쿠바 문제로 호출했나 봐. 다른 사람도 아니고 대통령인데 어떡해. '절호의 기회'라며 백악관으로 갔어. 탓하고 싶지는 않아. 제시간에 올 수 있을지 장담할 수 없대. 지금 전화를 기다리고 있어."

"어떻게 하실 거예요?"

"총장한테 고별사만 하고 졸업생 대표에게 시간을 좀 더 주자고 말했어. 워낙 유명해서 모두가 고별사를 듣고 싶어할 거라고 말이야. 네가 주인공 역할을 해줄 수 있겠니? 그런 거에 익숙하잖아. 원고도 다 썼을 거고. 그렇지?"

"거의 다 썼어요. 끝부분이 좀 힘들어요. 이제 문제가 해결됐네요. 카스트로와 쿠바에 대한 이야기를 넣을게요. 시간을 두 배로 늘릴 필요만 없다면요."

루스는 머리를 흔들었다.

"그럼, 지금 가장 큰 문제는 집으로 갈 수가 없다는 거예요."

라몬이 말했다.

"오늘 오후 두 시 정도에 행정처 건물에서 기자회견을 하지 그러니? 그럼 3시간이나 여유가 있잖아? 그동안 무슨 말을 할지 생각하고 발표문을 만들면 되지. 기자들도 좋아할 거야. 저녁 뉴스에 내보낼 기사거리가 생기니까. 홍보 담당 직원을 너의 집으로 보내서 소식을 전할게. 그러면 사람이 좀 줄어들 거야."

"기자회견을 하려면 운동복 말고 좀 좋은 옷으로 갈아입어야겠네요. 센터에 갈아입을 옷이 있어요."

"발표문 작성하는 걸 도와줄 사람을 부를게. 제프 제이콥슨(Jeff Jacobson)에게 연락해야겠다. 우리 대학의 홍보 책임자야."

"그러실 필요 없어요. 도와주지 않아도 돼요. 제 일이잖아요. 제가 감당할 수 있어요. 할 수 있을 것 같아요."

"당연히 할 수 있지. 하지만 생각해 봐. 오늘 밤에 카스트로의 죽음이 주요 뉴스로 나갈 거야. 국무부나 백악관 사람도 인터뷰하겠지. 리틀 아바나 거리에서 일반인도 인터뷰할 거야. 그리고 너에 대한 뉴스가 나가겠지. 수많은 사람들이 네가 말하는 모습을 볼 거야.

너의 얼굴 밑에는 너의 이름이 적혀 있겠지. 그 밑에는 스탠퍼드 재학생이라고 적힐 거야. 그러니까 제프의 일이기도 해. 일을 잘해. 아주 잘해. 네가 말하려는 내용을 잘 다듬어줄 거야. 날 믿어."

라몬은 자신이 루스 교수를 믿는다는 걸 깨달았다.

"그렇게 해."

루스가 부추겼다.

"나도 같이 갈게. 어차피 졸업식 행사와 관련해서 제프와 세부적인 문제를 처리해야 해."

라몬은 제이콥슨의 도움을 받아서 기자회견 서두에 할 말을 준비했다. 뒤이어 제이콥슨은 기자들이 던질 만한 질문에 대답하는 법을 연습시켰다. 연습이 끝났을 때 라몬은 루스의 사무실에 들러서 도와준 데 대해 고맙다는 인사를 했다.

"고맙긴. 너와 이야기하던 게 그리울 거다. 텔레비전으로 네가 대회에서 우승하는 걸 보는 것만으로는 부족할 거야."

"항상 낙관적이시네요. 믿어주셔서 감사합니다. 저도 교수님이 그리울 거예요."

"연락해. 내가 준 책을 읽을 기회가 생기거든 이메일을 보내." 루스는 시계를 내려다보았다. "이제 가 봐. 2시까지 돌아와야 해."

루스의 말이 맞았다. 라몬은 가야 했다. 하지만 라몬은 문득 마음이 내키는 대로 전부터 신경 쓰이던 질문을 던졌다.

"교수님, 왜 지난 몇 주 동안 제게 많은 이야기를 해주신 거죠?

왜 제게 가르침을 주려고 하셨어요?"

루스는 미소를 지었다. 예상치 못한 질문이었다. 그래도 라몬이 궁금해할 것이라는 생각은 들었다. 루스는 심호흡을 했다.

"네가 가능성과 번영에 대해 뭔가를 이해하기를 바랐어. 우리 인간은 다른 동물과 많이 달라."

"맞아요. 우리는 테니스를 하지만 다른 동물들은 하지 않죠. 또 우리는 경제학을 공부하지만 다른 동물들은 하지 않아요. 그리고…"

"사실 난 약간 더 흥미로운 차이를 생각하고 있었어. 우리는 꿈을 꾸지만 다른 동물들은 꾸지 않아. 우리는 상상해. 우리는 미래를 내다보며 계획을 세워. 우리는 저축하고, 투자하고, 내일 더 큰 것을 얻기 위해 오늘 즐거움을 포기해. 또 그렇게 하는 이유를 이해해. 조너스 소크(Jonas Salk)는 소아마비를 고치는 것을 꿈꿨고, 프레드 스미스(Fred Smith)는 하룻밤 사이에 물건을 배달하는 방법을 꿈꿨고, 스티브 잡스는 2만 곡을 호주머니에 담는 방법을 꿈꿨어. 또 톰 워슨은 인터넷을 뒷받침하는 황금색 기기를 만들었고, 데이비드 콘펠드는 레이저로 생명을 구하는 방법을 찾았어. 창업자들만 꿈을 꾸는 게 아냐. 우리도 꿈을 꿔. 하나만 예를 들자면 지금은 수백만 명의 미국인들이 과거보다 건강한 삶을 살아. 그들은 운동을 더 많이 하고 더 나은 음식을 먹겠다고 결심하지. 그런 계획과 꿈들이 실현되도록 만들기 위해 얼마나 많은 일들이 일어나야 하고, 일어나는지 생각해 봐. 마트에서 새로운 식재료를 팔아. 조깅, 라켓볼, 걷기를 위한 새로운 운동화가 나와. 땀을 잘 흡수하는 새로운 소재로 만든 새로운 운동복도 나와. 새로운 운동기구도 나와. 운동용 비디오도 나와. 새로운 자전거도 나와. 더 많은 테니스 라켓이 나와. 새로운 테니스 라켓도 나와. 이 모든 것을 만들 사람도 필요해. 새로운 것을 만들고, 팔고, 설명할 장소에서 일할 사람도 필요해. 엄청난 수의 노동자와 개발자들이 움직여. 더 좋은 음식을 먹고 더 많이 운동하고 싶은 모든 사람들의 계획이 그 욕구를 충족시켜서 돈을 벌려는 모든 창업자들의 계획과 맞춰져."

"당연히 좋은 일이네요." 라몬이 끼어들었다. 하지만 루스의 이야기가 어디로 향하는지 알지 못했다.

"하지만 누가 그 꿈과 욕구들, 그 계획과 행동들이 서로 혹은 동시에 이뤄지는 수많은 다른 꿈과 계획들과 충돌하지 않게 만들었을까? 같은 경제권에 속한 다른 곳의 삶들이 가망 없이 단절되지 않도록 동원되어야 하는 인력과 원자재 같은 모든 자원은? 누가 유기농에 할애할 땅과 정크푸드에 할애할 땅을 둘러싼 분쟁을 해결했을까? 지금은 정크푸드도 더 많아졌고 나아졌으니까. 우리가 얼마나 대단한 세상에 사는지 봐. 유기농 우유뿐만 아니라 4종류의 훈연 감자칩도 살 수 있어! 보다 건강한 미국에 대한 꿈은 소파에 앉아 감자칩을 먹으며 게임을 하고 싶어하는 사람들의 꿈을 가로막지 않았어. 심지어 일부 생화학자들은 그들이 운동을 하지 않는 대가를 너무 크게 치르지 않도록 콜레스테롤을 줄이는 방법까지 찾아냈어. 누가 충분한 생화학자들과 레이저를 개발하는 충분한 엔지니어들이 확보되도록 했을까? 누가 조깅을 하는 수많은 사람들의 발을 편하게 만들기 위해 나이키가 모든 고무와 섬유와 노동자들을 찾을 수 있게 해주는 한편 한 방송에서 하이힐 열풍을 일으켜서 다른 구두 회사들은 필요한 원자재와 노동자를 찾게 만들었을까? 누가 데이비드 콘펠드가 레이저를 개발하게 해주는 한편 여러 레이저 태그(적외선을 발사하는 장난감 총으로 전투를 벌이는 놀이터 - 옮긴이) 사업장들이 동시에 문을 열게 했을까? 어떻게 우리가 원하는 물건들이 항상 넉넉하게 있는 것처럼 보일까? 다툼, 혼란, 소란도 없이? 우리를 둘러싼 보이지 않는 조화의 근원은 무엇일까?"

라몬은 아무 말도 하지 않았다. 루스의 열정이 말문을 닫게 만들었다. 라몬은 루스가 말을 이어나가기를 기다렸다.

"누가 수많은 꿈들을 엮을까?" 루스는 이야기를 계속했다. "누가 모든 꿈들이 평화롭게 공존하도록 만들까? 누가 모든 계획을 한데 엮어서 충돌하지 않고 병행되도록 만들까?"

"몰라요. 지금까지 나눈 대화 내용으로 보면 그런 사람은 없는 것 같네요."

"맞아. 없어. 우리 각자가 나름의 희망과 꿈을 다른 모든 사람들의 희망과 꿈에 추가해. 그래도 모든 희망과 꿈이 잘 맞물려서 우리 삶의 태피스트리(tapestry, 여러 색실로 그림을 짜 넣은 직물 - 옮긴이)는 더욱 흥미롭고, 다양하고, 인간적인 양상이 되지. 꿈을 엮는 존재가 없는데도 어떻게 우리의 선택이 잘 맞물릴까? 어떻게 사람들은 제각각 채식주의자, 운동광, 게으름쟁이 혹은 기타리스트, 조경사, 엔지니어, 교사가 되고 우리가 무엇을 선택할지 누구에게도 알리지 않지만 우리에게 필요한 모든 제품과 도구가 세상에 나와 있는 걸까? 어떻게 1억 명의 중국인이 농촌을 떠나고 그 자녀들이 연필과 자전거를 쓰기 시작했지만 여전히 네가 테니스 코트에서 휘두르는 그 마술봉을 만드는 데 필요한 흑연이 있는 걸까? 모든 꿈이 이토록 평화롭게 공존하도록 모든 조치를 취하는 서신을 누가 보내는 걸까?"

"누구도 하지 않아요. 교수님이 가르쳐주셨잖아요. 하지만 어떻게 그렇게 되는지는 몰라요."

"가격이야. 우리의 선택이 잘 맞물리는 이유는 모든 것의 가격이 경제 전반에 걸쳐 자원과 지식을 조정하고 유도하기 때문이야. 에이미가 듣는 경제학 강의에서는 가격이 어떻게 마법을 부리는지 배워. 너는 아직 듣지 못한 내용이지. 하지만 우리가 나눈 대화에서 대충 그 내용이 언급되기는 했어. 우리는 전체 태피스트리에서 우리가 속한 작은 자리만 볼 수 있어. 누구도 전체를 보지는 못해. 하지만 이 시스템이 대단한 점은 우리가 속한 작은 자리만 봐도 충분하다는 거지. 누구도 모든 것의 가격을 알 필요가 없어. 모든 것의 가격은 엄청나게 역동적인 경제에서 일어나는 모든 변화에 따라 항상 조정돼. 흑연 광산을 보유한 사람은 흑연 가격에 집중하면서 흑연을 더 저렴하게 채굴하는 방법을 익히는 데 시간을 들여. 누구도 모든 것의 가격을 알 필요는 없기 때문에 우리의 지식이 더 늘어나고, 우리의 세계가 더 나아져. 다른 모든 사람의 꿈을 잘 알아야만 자신의 꿈을 끼워 맞출 수 있는 게 아냐. 나는 네가 그 가능성의 시학을 조금은 이해하기를 바랐어."

라몬은 다시 한 번 앞에 있는 루스 교수의 얼굴을 살폈다. 표정에서는 속임수나 전략 혹은 조종의 의도가 전혀 드러나지 않았다. 루스 교수는 시위 전에 자신이 주장한 대로 라몬을 도우려 하는 걸까? 스스로 한 번도 언급하지 않은 고별사에서 라몬이 잘못된 길로 접어들지 않도록 인도하여 창피를 당하지 않게 하려는 걸까? 그렇다면 왜 단도직입적으로 말하지 않는 걸까? 분명하게 밝히면 오히려 원칙을 지키겠다는 라몬의 결심이 굳어질까 봐 그러는 걸까? 어쩌면 더 깊은 의도가 있는 걸지도 몰랐다. 라몬이 얼핏 느꼈지만 분명하게 파악할 수 없는 의도가. 라몬은 루스가 어떤 꿈을 엮으려 하는지 궁금했다.

"나는 네가, 우리가 주위에서 접하는 모든 훌륭한 것들이 누군가의 의도에 따른 것만은 아니라는 사실을 이해하기를 바랐어. 세상에는 누구도 완전히 이해하지 못하지만 우리 인간들이 일으키는 경이가 있어. 그걸 이해하는 게 학문의 일부지. 언젠가 너도 그걸 알고 기뻐하게 될 거야."

"그 언젠가가 이번 주 일요일인가요?"

라몬은 루스 교수가 이렇게 애쓰는 이유를 알아내려고 질문을 던졌다.

"일요일? 그게 무슨 뜻이야?"

루스 교수는 혼란스런 표정으로 말을 멈췄다. 그러다가 곧 무슨 말인지 이해하고 웃기 시작했다.

"내가 너와 이야기하는 게 졸업식 고별사 때문이라고 생각하는 거니?"

라몬은 당황했다. 루스 교수는 완전히 수수께끼 같은 인물이거나 무대에 선 적이 없는 대단한 배우인 게 분명했다.

"고별사는 신경 안 써."

루스 교수는 머리를 흔들며 평정심을 되찾은 표정으로 말했다.

"네가 좋은 고별사를 하길 바랄 뿐이지. 무엇이든 하고 싶은 말을 해. 마음에서 우러나는 말을 해. 안 그러면 대부분의 다른 사람들처럼 실패하고 말 거야. 마음이 담긴 고별사를 해."

라몬은 루스 교수가 대단한 사람이라고 생각했다. 어떤 의미에서 루스는 자신이 한 말을 따르고 있었다. 그래서 일이 흘러가는 대로 놔두었다. 하지만 라몬은 그것이 루스 교수의 유일한 삶의 전략은 아니라는 걸 알았다. 라몬은 에이미에게 루스 교수가 강의를 아주 열심히 준비한다는 말을 들었다. 에이미는 철저히 준비하지 않으면 그런 강의를 할 수 없다고 생각했다. 루스가 이야기한 대로 경제에는 계획되지 않은 질서가 있다 해도 사람들은 자신이 속한 자리에서 자신에게 주어진 정보를 활용하여 계획을 세웠다. 그렇다면 루스의 의도는 무엇일까? 루스는 고별사를 막기는커녕 더 큰 무대를 만들어주려는 것 같았다. 혹시 재난 상황에서도 가격이 알아서 기능하도록 놔둬서는 안 된다는 생각에는 동의하지 않지만 빅박스의 기부금을 받지 말아야 한다는 생각에는 동의하는 걸까? 라몬은 어떻게 봐야 할지 알 수 없었다. 하지만 마음에서 우러나는 말을 하라는 조언은 진심임을 알았다. 라몬은 최선을 다할 생각이었다. 여전히 연설의 마무리가 필요했다.

라몬은 옷을 갈아입기 위해 테니스 센터로 가서 라커를 열었다. 라커 위 칸에 포스트잇이 테이프로 붙여져 있었다. 거기에는 라커의 아래쪽을 가리키는 큰 화살표가 그려져 있었다. 아래 칸에는 상자와 카드가 있었다. 카드를 열어보니 '라몬, 졸업 축하해. 루스 리버' 라고 적혀 있었다.

라몬은 미소를 지으며 상자를 열었다. 책이었다. 놀랍게도 질서의 발현에 대한 경제학 논문이 아니라 메리 올리버(Mary Oliver)의 시집이었다. 책에 꽂힌 책갈피에는 '이 시는 꼭 읽어 봐.' 라고 적혀 있었다. 라몬은 라커 앞에 있는 의자에 앉아 그 시를 읽었다. 다 읽은 후 한 번 더 읽었다. 결국 그 책은 경제학에 대한 것일지도 몰랐다.

chapter 12
자유롭고 귀중한 삶

관이 땅속으로 내려지고 조총이 발사되자 비로소 위대한 지도자도 결국은 인간이었다는 사실이 실로 분명해졌다. 국영방송이 성실하게 중계하는 가운데 추도사가 몇 시간 동안 이어졌다. 거리에서 춤추는 사람은 없었다. 밤늦게 커튼을 치고 집에서 럼이 담긴 술잔을 드는 사람들은 있었지만.

정말로 바뀐 것이 있을까? 최상층의 모든 권력과 권위가 그대로 남을까? 아니면 다른 사람들이 나서기 시작할까? 그 카리스마 넘치는 장군, 미국으로부터 몰래 자금을 받았다는 소문이 있는 그 신문의 편집장, 좋은 사람인 것처럼 보이며, 사탕수수는 잘 알지만 정치는 잘 모르는 농업부 장관, 개혁 성향이라는 소문이 있는 카스트로의 사촌 같은 사람들이? 이제 누가 중요한 인물이 될까? 같은 사람들일까 아니면 카스트로가 사라진 지금 정말로 상황이 달라질까?

쿠바에 변화가 일어날 수 있을까? 마이애미에 사는 쿠바계 미국인들은 전화로, 집에서 저녁을 먹으며, 술집에서, 식당에서 이런 이야기들을 나눴다. 샌프란시스코, 워싱턴 DC, 뉴욕에 사는 쿠바계 미국인들도 같은 이야기를 나눴다. 그들이 민주주의 혹은 그저 약간의 자유가 찾아올 가능성에 대한 이야기를 지치도록 나눈 후에도 더 중대한 의문이 이면에 남았다. 바로 "고향으로 돌아갈 수 있을까?"라는 의문이었다.

졸업식 날 아침, 루스는 일찍 일어났다. 루스는 이메일을 열어서 어젯밤에 비서가 보낸 최종 일정표를 확인했다. 오늘의 일정은 밥 바크먼, 인문과학대 학장과의 조찬으로 시작되었다. 루스는 어떻게 해야 할지 몰랐다. 바크먼에게 나중에 어떤 일이 생길지 경고해야 할까? 그냥 일이 진행되는 대로 놔둬야 할까? 라몬의 고별사가 무해할지도 몰랐다. 하지만 빅박스를 비판하는 내용으로 소란이라도 일어나면 바크먼은 더욱 분노할 게 분명했다. 루스는 일단 주사위를 던져보고 차분하게 대응하기로 결정했다. 라몬의 고별사가 별 탈 없이 끝나면 바크먼이 분명히 큰 선물을 안길 것이었다. 반대로 라몬의 고별사가 재난으로 끝난다면 아무리 바크먼에게 경고를 해도 파국을 면할 수 없었다. 게다가 바크먼의 딸도 같이 있을 것이었다. 어쩌면 그녀의 존재가 상황을 차분하게 만들어 줄지도 몰랐다.

라몬도 일찍 일어났다. 루스는 그에게 원고를 완성할 수 있는 해결책을 주었다. 그래도 라몬이 원하는 대로 원고가 나오지 않았다. 카스트로와 쿠바에 대한 내용을 몇 줄 추가하는 건 부자연스러워 보였다. 이미 완성한 앞부분에 말을 덧붙이는 건 억지스러웠다. 작문 기초 시간에 들은 조언이 뭐였더라? 아무리 마음에 들어도 과한 부분은 빼라고 했던 것 같은데. 아무튼 내용을 더 다듬어야 했다.

루스의 아침은 순조롭게 흘러갔다. 물론 바크먼은 아직 행사 일정표를 보지 않았다. 바크먼은 라몬이 고별사를 한다는 사실을 몰랐으며, 루스는 그 사실을 말하지 않았다. 아침식사를 하는 동안 대부분의 시간은 바크먼의 딸인 코델리아와의 대화로 채워졌다. 코델리아는 아주 유쾌한 아가씨로서 유전적 요인, 혹은 환경적 요인이 인간의 행동을 좌우한다는 이론을 모두 반증하는 사례였다.

아침식사 후 루스는 졸업식 준비가 잘되고 있는지 확인하기 위해 스타디움으로 갔다. 사실 직원들이 일을 잘했기 때문에 전혀 갈 필요가 없었다. 하지만 루스는 졸업식이 열리는 스타디움의 분위기를 좋아했다. 스타디움이 채워지는 광경을 보는 것이 좋았다. 자녀가 학교를 졸업한 데 대한 긍지와 기쁨에 빛나는 학부모들의 얼굴을 보는 것이 좋았다. 부모에게는 아직 아이 같지만 어떤 것이든 새로운 삶을 향해 날아갈 준비가 된 학생들의 얼굴을 보는 것이 좋았다.

곧 졸업식이 시작되었다. 총장이 학부모들에게 환영 인사를 한 후 라몬을 소개했다. 루스는 곁눈질로 밥 바크먼을 바라보지 않을 수 없었다. 그는 자리를 박차고 나가려는 듯 의자에서 일어서려 했다. 하지만 아내가 그의 팔을 꽉 붙잡으며 귓속말을 했다. 아마도 딸에 대한 말 같았다. 루스는 차분하게 앉아서 빅박스나 바가지가 아니라 교육 그리고 투자의 경제학에 대해 생각했다.

루스가 가장 좋아하는 투자에 대한 비유는 씨앗 뿌리기였다. 흙에 뿌려진 씨앗은 나무가 되기 오래 전부터 가치를 지닌다. 그만큼 잠재적 혜택이 충분하기 때문이다. 교육은 씨앗을 뿌리는 일이다.

지식 혹은 지혜를 심어주는 교육은 계속 자라서 과실을 맺을 나무를 키우는 투자와 같다. 다만 교육의 경우 과일나무를 키우는 일과 달리 언제 어떤 과일이 열릴지 알 수 없다. 루스는 자신의 가르침이 곧 듣게 될 고별사에 영향을 미쳤을지 알지 못했다. 그런 일이 일어나려면 훨씬 많은 비와 햇빛이 필요했을지 몰랐다. 루스는 라몬의 고별사가 자신에게 해를 입힐지 아니면 밥 바크먼을 상대하는 데 도움을 줄지 몰랐다. 하지만 어느 쪽이든 자신이 라몬에게 가르친 것들이 언젠가는 좋은 결실을 맺을 것임을 뼛속 깊이 느꼈다. 루스가 이런 생각에 매달리는 사이에 라몬이 마이크 앞으로 다가섰다.

라몬이 고별사를 시작했다.

"여기로 올라오기 전에, 총장님이 행운을 빈다고(break a leg) 말씀하셨어요. 저는 그런 덕담은 조심하셔야 한다고 말했어요. 지난번에 캠퍼스에서 연설을 하다가 정말로 다리가 부러질 뻔했거든요."

청중들이 웃음을 터트렸다. 루스는 약간 긴장을 풀었다. 바크먼조차 미소를 지었다.

"오늘 행사는 졸업식(commencement)이라고 부릅니다. 저는 이 명칭에 담긴 아이러니를 좋아합니다. 우리 졸업생 대부분에게 오늘은 한 시절이 끝났음을 상기시킵니다. 앞으로 어떤 일이 생길지 전혀 모른 채 4년 전에 처음 왔던 이 아름다운 캠퍼스에서 보낸 시간이 끝나는 거죠. 물론 어떤 일이 생길지 안다고 생각하는 사람들도 있었죠. 하지만 인생은 항상 우리를 놀라게 하잖아요. 우리는 계획을 세웁니다. 그리고 최선을 다해서 꿈을 추구하죠. 하지만 종종 우리가 어떻게 할 수 없는 일들이 모든 것을 바꿉니다."

라몬은 말을 멈추고 오른쪽으로 고개를 돌려 루스가 앉아 있는 뒤쪽을 바라보았다. 라몬이 윙크를 한 건가? 루스에게는 그렇게 보였다.

"15살 때 지금까지 제 머릿속에 남아 있는 교훈을 얻었습니다. 그걸 오늘 여러분과 나누고 싶습니다. 마이애미의 더운 9월 오후였어요. 저는 훈련을 하고 있었죠. 컨디셔닝 훈련이라고 하는 건데 정말 힘들었어요. 훈련이 끝나고 코치님이 우리를 불렀습니다. 우리는 잔디밭에 한쪽 무릎을 꿇고 가쁜 숨을 몰아쉬며 땀을 흘렸어요. 코치님은 우리에게 의욕을 북돋는 말씀을 하셨어요. 그 내용은 대부분 잊었습니다. 아마 힘든 시기에는 강한 사람만 살아남는다는 내용이었던 것 같아요. 하지만 코치님이 마지막에 하신 말씀을 저는 절대 잊을 수 없을 겁니다. 코치님은 '훌륭한 사람이 되는 것이 진짜 효도'라고 말씀하셨어요. 부모님에게 하는 말이나 대접도 중요하지만 자기가 어떤 삶을 사느냐도 중요하다는 뜻이었죠. 부모님이 궁극적으로 중요하게 생각하는 건 자식의 삶입니다. 그게 부모님이 얻는 보상인 거죠. 이제 대학을 졸업하고 삶의 여정을 시작하는 우리는 어떻게 살아야 할까요?"

라몬은 말을 멈추고 질문의 여운을 남겼다.

"며칠 전 밤에 〈트루먼 쇼〉라는 영화를 봤어요. 짐 캐리가 자신은 모르지만 역대 최장 리얼리티 쇼의 주인공인 트루먼 버뱅크라는 인물을 연기하죠. 그는 자신이 평범한 삶을 산다고 생각해요. 하지만 가장 친한 '친구'부터 아내, 길모퉁이 신문가판대에 앉아 있는 사람까지 그가 만나는 모든 사람이 실은 연출자인 크리스토퍼의 지시대로 연기하는 배우들이죠. 트루먼이 태어날 때부터 수억 명의 사람들이 텔레비전으로 그를 지켜봤습니다. 크리스토프가 물에 대한 공포심을 심어주는 바람에 그는 자신이 섬이라고 생각하는 곳을 떠날 생각을 하지 않습니다. 사실 그는 거대한 무대에서 살아가고 있는데도 말이죠.

이 영화는 트루먼이 자신의 삶이 진짜인지 의심하기 시작하면서 벌어지는 이야기를 보여줍니다. 한 서글픈 장면에서는 트루먼에게 말을 거는 여성이 '어떻게 끝날까?'라고 적힌 배지를 달고 있어요. 트루먼에게는 이상한 배지에 불과하죠. 하지만 시청자들에게 이 장면이 아주 서글픈 이유는 〈트루먼 쇼〉의 팬들이 이 배지를 달며, '트루먼의 삶'이 생략된 주어라는 사실을 알기 때문입니다. 과연 어떻게 끝날까요? 우리는 어떤 사람이 될까요? 이 질문은 우리의 존재, 우리의 삶을 둘러싼 공기 속을 떠다닙니다. 트루먼은 마침내 큰 용기를 냅니다. 그는 작은 보트로 자신이 태어난 섬을 탈출하여 바다 너머에 무엇이 있는지 확인하기로 결심합니다."

라몬은 말을 멈추고 엄마가 앉아 있는 곳을 바라보았다.

"그런 용기 있는 행동은 영화 속에서, 할리우드에서만 이뤄지는 게 아닙니다."

"우리 모두에게는 힘든 여정 그리고 바다 너머에서 우리를 기다리는 모든 것을 직면할 용기가 필요합니다. 진정한 삶을 사는 열쇠는 보트에 오르는 것입니다."

라몬은 잠시 심호흡을 한 후 말을 이어나갔다.

"저는 지난 주말 내내 보트와 용기, 섬을 생각했습니다. 저의 고향, 저의 섬 그리고 우리가 어떤 결말을 맞을지 궁금했습니다. 우리는 실로 한 배를 타고 있습니다. 여러분과 저 그리고 쿠바 사람들은 결말이 어떨지, 앞으로 무슨 일이 생길지 모릅니다. 우리가 어떤 사람이 될지 모릅니다. 하지만 저는 훌륭한 출발, 훌륭한 시작(commencement)이 어떤 것인지 탐험할 기회가 주어진 것을 감사하게 생각합니다. 시작할 기회, 위대한 여정의 첫걸음을 뗄 기회가 주어진다는 건 대단한 축복입니다. 제 생각에 우리는 어깨 너머에서 지켜보며 앞으로 할 일을 결정하거나 예상하는 독재자 없이 미국에서 원하는 삶을 사는 것이 얼마나 운 좋은 일인지 가끔 잊는 것 같습니다. 우리의 삶에는 아무런 각본이 없습니다. 우리는 대부분 각본 없는 삶을 자유롭게 살아가며 원하는 곳으로 보트를 몰고, 태풍을 피하거나 정면으로 돌파합니다. 그리고 어떤 결말이 날지 궁금해합니다. 우리는 어떤 사람이 될까요? 사실 우리는 결말을 미리 알고 싶어하지 않습니다. 실로 우리는 지금과 다른 삶의 방식을 원치 않습니다. 시인 메리 올리버는 '어느 여름날(A Summer Day)'이라는 시에서 이를 잘 표현합니다."

라몬이 시를 읊기 시작했다.

"누가 세상을 만들까?

누가 백조를, 흑곰을 만들까?

누가 메뚜기를 만들까?

이 메뚜기, 그러니까…

풀밭에서 튀어나오는 이 메뚜기,

내 손에서 설탕을 먹는 이 메뚜기,

턱을 위아래가 아니라 앞뒤로 움직이는 이 메뚜기,

거대하고 복잡한 눈으로 주위를 둘러보는 이 메뚜기.

이제 이 메뚜기는 창백한 앞다리를 들어 꼼꼼하게 세수를 한다.

이제 이 메뚜기는 날개를 펼쳐서 날아간다.

나는 기도가 무엇인지 잘 모른다.

다만 관심을 기울이는 방법, 풀밭으로 쓰러지는 방법, 풀밭에서

무릎을 꿇는 방법,

느긋하게 삶의 축복을 느끼는 방법, 들판을 거니는 방법은 안다.

나는 이 일을 종일 하고 있다.

말해보라. 이것 말고 내가 무엇을 해야 하는지.

모든 것이 결국은 그리고 너무 빨리 죽지 않는가?

말해보라. 당신은 무엇을 하려 하는지.

한 번뿐인 당신의 자유롭고 귀중한 삶으로."

라몬은 잠시 멈췄다가 마지막 두 줄을 한 번 더 읽었다.

"말해보라. 당신이 무엇을 하려 하는지.

한 번뿐인 당신의 자유롭고 귀중한 삶으로.

최대한 충실한 삶을 살아서 우리의 부모님을 자랑스럽게 합시다. 우리에게 주어진 재능으로 다른 사람들을 도움으로써 세상을 더 나은 곳으로 만듭시다. 그게 우리를 키워주신 부모님에게 감사드리는 최선의 방법입니다. 그리고 쿠바 사람들이 곧 독재자나 각본에 얽매이지 않는 미래를 누리게 되기를 바랍시다. 우리 모두가 자유롭고 귀중한 삶의 축복을 받기를 바랍시다. 그리고 여정에 오른 우리의 길이 자주 만나기를 바랍시다."

라몬은 머리를 숙이고 감사 인사를 했다. 청중들이 환호성을 지르며 박수를 쳤다. 루스는 라몬에게 달려가 안아주고 싶은 충동을 억눌렀다. 루스는 총장이 라몬과 악수하도록 놔두었다. 루스는 밥 바크먼이 라몬에게 다가가 악수하는 모습을 지켜보았다. 루스는 라몬의 주위로 학생들이 모여드는 모습을 지켜보았다. 루스는 카메라의 플래시가 터지는 광경을 지켜보았다. 루스는 나이 많은 한 여성이 청중석에서 내려와 무대로 오는 모습을 지켜보았다. 그 여성은 여전히 눈물을 닦고 있었다. 그녀는 라몬을 둘러싼 무리의 바깥에 섰다. 그녀의 각본 없는 삶은 대단한 여정이었다. 루스는 그녀에게 다가가 살짝 어깨를 두드렸다.

"페르난데스 씨죠?"

그 여성은 웃으며 고개를 끄덕였다. 루스는 손을 뻗어서 셀리아 페르난데스가 아들을 안을 수 있도록 부드럽게 길을 열어주었다.

chapter 13
어떻게 끝날까?

라몬이 졸업을 앞두고 윔블던 대회를 준비하던 그해 봄에 자신에게 경제학 이야기를 들려주던 루스 교수의 진심을 깨달은 것은 20년 전의 일이었다. 라몬은 일 때문에 베이 에이리어에 있었다. 라몬은 날씨 좋은 8월의 어느 날 비행기를 타고 새너제이로 와서 차를 빌렸다. 그리고 샌프란시스코로 향하기 전에 향수를 즐기기 위해 팰로앨토에 잠시 들렀다. 에이미가 곁에 없어도 베이랜즈에서 샌프란시스코만과 습지를 가로지르는 바람을 느끼고, 하늘을 날아다니는 제비들, 물새와 더불어 살아나는 습지를 보는 기분은 더없이 좋았다. 뒤이어 캠퍼스로 향했다.

옛날보다 캠퍼스에 차를 대기가 어려웠다. 다행히 테니스 센터 근처에 자리가 하나 있었다. 라몬은 차를 대고 테니스 센터로 걸어갔다. 한 무리의 아이들이 여름캠프 활동의 일환으로 보조 코트에서 테니스를 하고 있었다. 센터 코트는 비어 있었다. 라몬은 관중석에 앉다가 갑자기 북받치는 감정에 놀랐다. 한동안 추억에 잠겨 있다가 코치를 찾아갔다. 코치는 허리에 군살이 붙어서 5세트를 뛰기도 힘들겠다며 놀렸다.

라몬은 차로 돌아가지 않고 익숙한 길을 따라 교무처장실로 향했다. 루스 교수가 20년 전에 은퇴했다는 사실을 알았다. 두 사람은 한동안 이메일로 연락을 나눴다. 라몬은 루스 교수가 빌려준 책을 읽었고 부와 빈곤을 이해할 수 있는 조언을 구했다. 그러다가 라몬의 생활이 바빠지면서 이메일을 보내는 빈도가 줄어들었다.

교무처장실은 전혀 웅장하거나 호화롭지 않았다. 그저 캠퍼스의 어느 과에 둬도 눈에 띄지 않는 낮은 건물이었다. 라몬은 안으로 들어섰다.

"어떻게 오셨어요?"

접수 직원이 고개를 들며 물었다. 그녀는 곧 그를 알아보았다.

"라몬 페르난데스 씨네요! 어떻게 지내요?"

"잘 지냅니다."

"지금도 5세트를 뛸 수 있을 것 같네요."

라몬은 너무나 다른 평가에 미소를 지었다.

"무슨 일로 왔어요?"

"혹시 루스 교수님 소식을 들으셨나 해서요. 어떻게 지내시는지 아세요?"

"지금도 한 달에 한 번 정도 교수님 앞으로 우편물이 와요. 보통은 내가 보내드리는데 가끔 교수님이 직접 오시기도 해요. 이제 많이 늙으셨어요. 고관절 수술을 받으셨어요. 생각해 보니까 양쪽 다

받으셨네요. 그래도 정신은 멀쩡해요. 종종 '그나마 더 나은 능력은 무사하다'고 말씀하시죠."

"지금도 근처에 사세요?"

"네. 하지만 8월에는 시 랜치(Sea Ranch)에 머물러요."

"시 랜치요?"

"샌프란시스코에서 북쪽으로 3시간 거리에 있는 바닷가 마을이에요. 매년 8월에는 가족과 함께 거기서 지내세요."

"다음에 오시면 라몬 페르난데스가 안부를 묻더라고 전해주실래요?"

"전화를 해보지 그래요? 아마 기뻐하실 거예요."

그녀는 라몬에게 전화번호를 적어주었다. 라몬은 차로 걸어가면서 전화를 걸지 못할 이유가 없다고 생각했다. 하지만 전화를 걸지는 않았다. 전화를 걸지 말아야 할 이유만 생각났다. 정말로 내 목소리를 듣고 싶어할까? 가족과 함께 있는데 전화하는 게 실례가 될지도 몰랐다. 지금은 80살이 훌쩍 넘어서 잘 듣지도 못하실 게 분명했다. 전화로 이야기하는 게 어색할 것 같았다. 곧 그는 남은 하루의 일정을 생각했고, 지갑에 넣은 루스의 전화번호가 적힌 쪽지를 잊어버렸다.

마지막 회의가 끝난 후 라몬은 서터 근처에 있는 주차장에 차를 두고 잠시 주위를 돌아다녔다. 기억 속의 장소들을 찾아가 추억이라는 달콤 씁쓸한 사탕을 맛보았다. 모든 것이 여전하면서도 전혀 같지 않았다. 그 사실을 깨닫지 못한 채 부두 쪽으로 걸어갔다. 놀랍게도 에이미와 춤을 추러 가던 페드로스가 아직 그 자리에 있었다. 페드로는 없었지만 다른 사람이 고집과 매력이 뒤섞인 분위기를 똑같이 유지하고 있었다. 라몬은 바에 앉아 차가운 맥주를 마시며 에이미를 생각했다.

동해안에 있는 에이미에게 전화를 걸기에는 너무 늦은 시간이었다. 대신 루스 교수가 떠올랐다. 술기운이 용기를 불어넣었다. 라몬은 바깥에 나가 서성거렸다. 라몬은 바다가 보이는 벤치에 앉으며 전화를 걸었다.

"여보세요. 루스 교수님 계신가요?"

"전데요."

"교수님, 저 라몬 페르난데스예요."

수화기 건너편이 조용했다. 라몬은 실수를 한 건지도 모르겠다고 생각했다. 윔블던 센터 코트에서 열리는 결승전을 5번이나 치른 그였지만 수화기 건너편의 침묵 때문에 속이 울렁거렸다.

"라몬." 루스의 목소리는 온기를 전해주었다.

"라몬." 루스는 다시 그의 이름을 불렀다.

"반가워. 네 목소리를 들으니까 정말 좋구나. 지금 어디니?"

"피셔맨스 와프에서 밤공기를 즐기며 벤치에 앉아 있어요. 교수님과 나누던 대화를 생각하고 있었어요. 어떻게 지내시는지 궁금해요. 제가 오랫동안 연락하지 않아서 서운하셨죠."

"괜찮아. 그래도 잘못을 만회하고 싶니?"

"그럼요. 어떻게 하면 될까요?"

"내일 다른 일 있어?"

"오늘 밤 비행기로 돌아가요. 억지로 잠을 청하면서요. 왜 그게 좋은 여행 방식이라고 계속 나 자신을 속이는지 모르겠어요."

"아쉽네. 시간이 되면 시내로 가서 커피 한 잔 하려고 했는데…."

빈속에 마신 맥주 때문인지, 머리칼을 날리는 바람 때문인지, 안개 사이로 보이는 알카트라즈(Alcatraz) 때문인지, 아니면 20년 묵은 기억 때문인지 알 수 없었다. 무엇 때문이든 라몬은 집으로 돌아가는 여행을 하루 미루고 소살리토에서 묵었다. 그리고 다음날 아침 해안을 따라 길게 굽이치는 1번 고속도로를 타고 시 랜치로 차를 몰았다. 양방향이 모두 세계에서 가장 아름다운 도로였다. 북쪽 방면 도로에서는 60도로 경사진 언덕에 서서 풀을 뜯는 소들을 볼 수 있었다. 그 소들은 풀을 뜯기 편하도록 한쪽 다리가 더 짧기를 바랄 것 같았다. 라몬은 한 번도 가본 적이 없는 길이었다. 빅 서(Big Sur)로 가는 길보다는 덜 웅장하고 더 친근했다.

라몬은 루스 교수의 집을 찾아서 뒤로 걸어갔다. 루스 교수는 태평양이 내려다보이는 테라스에 놓인 오래된 애디론댁(Adirondack) 의자에 앉아 있었다. 라몬은 그녀의 작은 체구에 깜짝 놀랐다. 과거에도 체구가 크지 않았지만 나이 때문에 더 작아진 것 같았다. 루스는 고개를 들어 라몬을 보았다. 루스는 벌떡 일어설 수 없었다. 그러기에는 인공 관절을 넣은 몸이 성치 않았다. 그래도 라몬은 옛날처럼 살아 있는 루스의 눈빛을 보고 기쁨을 느꼈다. 루스의 미소는 라몬이 자신을 만나러 와줘서 너무나 기쁘다는 사실을 말해주고 있었다.

"다 말해 줘." 루스는 옆에 있는 의자를 가리키며 말했다.

그래서 라몬은 그렇게 했다. 루스는 라몬이 윔블던에서 4번, US오픈에서 2번 우승했다는 사실을 알았다. 루스는 다른 모든 것을 알고 싶어했다. 라몬은 에이미가 의전원에 다니고 있을 때 그녀와 결혼했다. 라몬은 선수 생활을 그만둔 후 마이애미에서 테니스 아카데미를 시작했다. 라몬과 에이미는 아들, 딸 하나씩 두 아이를 낳았다. 라몬은 아카데미가 성공을 거뒀으며, 가족과 함께 아바나에서 많은 시간을 보내고 있다고 말해주었다. 라몬은 주말에는 테니스 시범을 했다. 주중에는 지역 공무원들과 협의하여 아이들이 스포츠를 할 수 있는 기회를 늘리는 일을 했다. 에이미는 빈곤층을 지원하는 병원에서 자원봉사를 하면서 백신을 제공하고, 부러진 손가락을 고치고, 아이들이 좋은 음식을 먹을 곳을 찾아주는 등 필요한 모든 일을 했다.

에이미는 쿠바를 사랑했다. 캘리포니아만큼 아름다운 곳이라고 생각할 정도였다. 높은 습도와 도마뱀은 싫어했지만 쿠바의 땅과 사람들을 사랑했다. 에이미는 언제나 라몬과 함께 쿠바로 갈 기회를 만들었다. 두 사람은 아주 행복했다. 라몬은 복 받은 사람이었다. 어머니는 아직 살아 있었다. 어머니는 아바나로 돌아가 라몬이 사준 집에서 살고 있었다. 라몬과 에이미는 쿠바에서 너무 많은 시간을 보내서 아예 같은 동네에 집을 한 채 샀다.

뒤이어 루스는 은퇴 생활, 가족, 가끔 쓰는 논설이나 독자의 편지에 대해 이야기했다. 루스는 지금도 때때로 대학과 연락하며 잘 살고 있음을 알려주었다. 잠시 침묵이 흘렀다. 때마침 햇빛이 안개를 뚫었고 갑자기 태평양이 옅은 하늘과 대비되는 짙은 파란색으로 되살아났다.

"그 소문은 사실이니?" 루스는 마침내 침묵을 깨고 물었다.

"소문요? 무슨 소문요?"

"네가 내년 2월에 곤잘레스(Gonzalez) 대통령에게 도전하는 걸 고려하고 있다는 소문 말이야."

"어디서 그런 걸 보셨어요? 인터넷을 너무 많이 하시는 거 같아요."

"그렇긴 해. 하지만 넌 아직 내 질문에 대답하지 않았어. 소문이 사실이야?"

라몬은 미소를 지었다. 샌프란시스코에서 열린 회동은 잘 진행되었다. 그는 실제로 출마를 단행하기에 충분한 지원을 약속받았다. 오래 되었든 아니든 모든 민주주의 사회에서 선거는 불가피하게 결과를 예측하기 어려웠다. 하지만 라몬은 위험을 감수할 준비가 되어 있었다. 라몬은 루스에게 사실을 말하기를 주저했다. 루스 교수는 정치인을 그다지 좋아하지 않는 것 같았다. 라몬은 다른 사람들이 듣고 있을까 봐 걱정하는 척 주위를 둘러보았다.

"비밀을 지켜주실 수 있어요?" 마침내 라몬이 물었다.

"내가 누구한테 이야기하겠니?" 루스는 바다와 들판을 가리키며 되물었다.

"암초에서 햇빛을 쬐는 물개들한테? 들판을 돌아다니는 사슴들한테?"

잠시 루스의 눈이 가늘어지면서 미소가 사라졌다. 하지만 라몬은 반짝이는 바다를 바라보느라 루스의 표정이 변하는 것을 보지 못했다. 루스는 라몬을 압박하고 싶은 충동을 억눌렀다. 루스는 기다렸다.

"출마할 거예요. 에이미는 알고 있지만 어머니한테는 아직 말하지 않았어요. 어머니는…."

라몬은 중간에 말을 멈췄다. 루스가 한 번도 보지 못한 표정을 짓고 있었다. 기쁨의 표정, 승리의 표정이었다. 라몬은 그랜드슬램을 두어 번 놓쳤을 때 상대 선수에게서 그런 표정을 본 적이 있었다. 우승했을 때 신문이나 ESPN에 나온 자신의 얼굴에서 그런 표정을 본 적이 있었다. 그것은 깊은 만족감의 표정, 힘이 느껴지는 표정, 정복과 승리가 드문 일이 아니라는 듯 태연하게 꾸미는 겉모습 사이로 드러나는 정복의 표정이었다. 갑자기 라몬은 팔의 솜털이 곤두서는 걸 느꼈다. 뒤이어 목 뒤쪽의 솜털도 곤두섰다.

"라몬, 괜찮니? 아무한테도 말 안 할게. 약속해." 루스는 말했다.

라몬은 스페인어로 입속말을 중얼거렸다.

"그게요, 그게…."

라몬은 놀라서 머리를 흔들며 같은 말을 반복했다.

"어떻게 아셨어요?" 라몬은 마치 자신에게 묻듯 질문했다.

"내가 가는 어떤 블로그에 올라온 소문일 뿐이야. 그냥…."

"아니에요. 교수님은 옛날부터 알고 있었어요. 20년 전부터요. 교수님은 알았어요. 어떻게 아셨어요?" 라몬은 미소를 짓다가 웃기 시작했다. "도대체 어떻게 아셨어요?"

루스는 먼 곳으로 시선을 돌렸다. 루스는 태양이 베일 같은 안개 뒤로 숨는 광경을 지켜보았다. 뒤이어 루스는 고개를 돌려 라몬을 바라보았다.

"미국사를 배운 적이 있니?"

"그럼요. 고등학교 때 배웠어요." 그게 20년 전에 두 사람이 나눈 대화와 무슨 관계가 있을까? 이번에는 그냥 넘어갈 수 없었다.

"어떻게 아셨어요?"

"참 재미있는 일이야." 루스는 라몬의 질문을 무시한 채 말을 이어나갔다. "미국의 초대 대통령은 누구지? 조지 워싱턴이야. 당대에 가장 유명한 미국인이었지. 2대 대통령은? 존 애덤스였어. 3대 대통령은? 토머스 제퍼슨이었어. 그 다음은 제임스 매디슨, 그 다음은 제임스 먼로, 그 다음은 존 퀸시 애덤스였고."

요점이 무엇일까?

"국부, 국부의 친인척, 전쟁영웅이 아닌 대통령을 찾으려면 얼마나 멀리 가야 하는지 아니?"

"몰라요." 라몬은 갑작스런 화제 전환에 흥미를 느끼며 대답했다.

"나도 몰라. 오랫동안 확인하지 않았어. 하지만 내 기억이 맞다면 1836년에 당선된 마틴 반 뷰렌이 처음이야. 초기 대통령 중 일부는 거인이었어. 위인 중의 위인이었지. 하지만 그냥 유명하기만 한 사람들도 있었어. 나는 그들이 대통령직에 가장 알맞는 사람들이라고 한 번도 생각한 적이 없어. 하지만 명성은 높았지. 대다수는 성과를 올렸어. 그게 도움이 됐지. 하지만 정치학자가 아니어도 특히 건국 초기에 유권자들이 지녔던 깊은 성향을 이해할 수 있어. 유권자들은 위험을 많이 기피해. 그들은 우리가 마땅히 그래야 한다고 생각하는 만큼 후보들을 조사할 시간이나 동기가 없어. 그래서 이름을 들어본 적이 있는 사람, 신뢰할 수 있는 사람을 좋아하지."

"무슨 뜻이죠?"

"카스트로가 살아 있을 때도 넌 전 세계에서 가장 유명한 쿠바 사람이었어." 루스는 잠시 여운을 준 후 말을 이어나갔다. "네가 쿠바 대통령 선거에 나갈 거라는 생각은 하지 못했어. 하지만 옛날부터 알았던 게 있지. 카스트로가 영원히 살지는 못한다는 거 말이야. 존중할 만한 민주주의가 마침내 쿠바에 자리 잡을지, 계속 살아남을 수 있을지는 몰랐어. 하지만 가능성은 있다고 생각했지. 또한 네가 유명세 이상의 것을 가질 거라고 생각했어. 곤잘레스는 유명세 덕분에 쉽게 대통령이 되었지. 하지만 너는 두뇌도 갖고 있어. 카리스마도 있지. 난 네가 그때 빅박스 건물 앞에서 사람들에게 연설하는 모습을 봤어. 게다가 너는 약자를 아껴. 너의 나라를 아껴. 오래 전 졸업식이 열린 6월의 일요일에 그걸 확인했지. 내가 미리 알았냐고? 당연히 몰랐지. 하지만 네가 원한다면 적어도 캘리포니아나 플로리다 상원의원이 될 가능성은 높다고 생각했어."

라몬은 루스 교수의 능력을 깊이 존경하면서도 여전히 그녀를 과소평가했다는 사실에 놀라며 의자에 몸을 기댔다.

"이야기할 게 있어. 일종의 고백이야. 세상이 돌아가는 방식을 아는 건 그렇게 가치 있는 일이 아냐. 가격이 형성되는 양상을 이해하는 것, 혁신이 작용하는 방식을 이해하는 건 그렇게 유용하지 않아. 학자 경력 초기에 나의 원고를 반려한 편집자가 기억나. 경제학 원론 강의 내용을 토대로 쓴 일반인 대상 경제학 입문서였지. 그녀는 좋은 내용이기는 한데 살을 빼거나, 골프 실력을 늘리거나, 애정 생활을 개선하거나, 돈을 버는 데 도움이 되지 않는다고 하더군. 팔릴 만한 책이 아니라는 거지. 우리가 20년 전에 나눈 대화를 이해하는 사람들, 본격적인 경제학의 역설과 경이를 사랑하는 소수의 경제학자와 학생들은 지식 그 자체를 즐겨. 갈매기와 물수리를 구분하거나, 별자리의 이름을 댈 수 있다는 걸 좋아하지. 그렇게 교양을 쌓아가는 거야. 하지만 경제학에 대한 이해가 실질적인 효용을 지니는 작은 분야가 있어. 경제학에 대한 이해는 현명하게 투표하는 데 도움이 돼. 세상의 복잡성에 대한 감이 있으면 미봉책을 의심하게 되고 대부분의 공약은 수많은 조건을 수반한다는 사실을 알게 되지. 이런 지식은 투표할 때 크게 도움이 돼. 이런 지식이 더욱 유용한 곳이 하나 있어. 바로 대통령 집무실이야. 내가 바라는 건….”

루스의 목소리가 갈라졌다. 루스는 온 힘을 다해 의자에서 천천히 일어나 라몬 앞에 섰다. 이제 루스의 눈은 라몬의 눈과 같은 높이에 있었다. 눈물이 루스의 얼굴을 타고 흘러내렸다. 루스는 눈물을 삼키며 말했다.

“교수가 된 초기에는 주로 소수의 학자들만 흥미를 가지는 학술지에 실을 논문을 썼어. 하지만 강의실에서는 오랫동안 수천 명의 학생들에게 세상의 복잡성을 가르쳤지. 그중에는 학점을 채우거나 이력서를 꾸미려고 강의를 듣는 학생도 있었어. 하지만 어떤 학생들은 세상을 이해하고 싶어서 내 강의를 들었어. 너도 그런 학생이었지. 나는 언젠가 그 이해가 네게 도움이 될 거라고 생각했어. 네가 나중에 필요할 도구를 얻기를 바랐어. 물론 몇 번의 대화로는 부족했어. 그래도 나중에 불을 붙일 불씨는 일으킬 수 있다고 생각했지. 가르치는 사람들이 바랄 수 있는 건 그것뿐이야. 난 헛된 바람이지만 네가 어떤 사람이 되는지 볼 수 있을 만큼 오래 살기를 바랐어. 이제 그날이 되었으니 난 참 복이 많아.”

루스는 눈물을 닦으며 다시 자리에 앉았다. 라몬은 의자 너머로 손을 뻗어서 루스의 손을 잡았다. 라몬은 아무 말도 하지 않았다.

20년 전에 루스가 기울인 노력이 감동적인 것이었는지 아니면 무모하거나, 바보 같거나, 명민한 것이었는지 판단할 수 없었다. 라몬은 옆에 앉은 루스를 바라보며 그녀가 그때 한 학생을 위해 시간을 들였다는 사실에 경탄했다. 라몬은 루스에게 그게 너무나 놀랍다고 말했다. 그때 자신이 어떤 생각을 했는지 말했다. 시위와 헤비 웨더와 연설이 카스트로가 죽기 전까지는 세상에서 가장 중요한 일처럼 보였다는 사실과 그 후에 자신이 약간 성장했다는 사실을 이야기했다. 22살 때는 자신이 세상의 중심이라 생각한다는, 아니 믿는다는 사실을 이야기했다. 사람들은 나이가 더 들어서야 그게 사실이 아님을 알게 된다. 어른이 되고 싶다면 이보다 더 중요한 교훈이 있을까?

뒤이어 그들은 선거에서 라몬이 직면할 모든 난관과 이후에 일어날 일들에 대해 터놓고 이야기를 나눴다. 마침내 라몬이 돌아가야 할 시간이 되었다. 비행기 시간이 다가오고 있었다. 라몬은 루스를 안으며 작별인사를 했다. 라몬은 루스를 다시 보지 못할 것임을 알았다. 그래도 이메일이나 전화로 연락을 하고 모든 일이 잘돼서 실제로 당선되면 조언을 구하겠다고 약속했다.

라몬이 떠난 지 한참이 지나도록 루스는 바다를 바라보며 앉아 있었다. 바다가 태양을 삼키고, 공기가 차가워지고, 바람이 거세지고, 별들이 나올 때까지. 루스는 인생이 참 기이하다고 생각했다. 공부를 열심히 해서 좋은 성적을 받고, 훌륭한 일을 한다는 꿈을 품고 대학원에 진학하고, 훌륭한 일 혹은 적어도 준수한 일을 하며 세상을 바꿀 줄 알고 논문을 쓰지만 세상을 바꾸기는 정말 힘들다는 사실을 발견한다. 소수의 학자들만 그런 재능을 갖고 있다. 나머지는 다른 사람들과 같은 방식으로 여기저기 부스러기만 더할 뿐이다. 최고가 되는 길에는 위신과 약간의 영광과 적지 않은 돈이 있다. 그러나 최고 중의 최고가 하는 일만 실로 의미를 지닌다.

강의실에서 보낸 모든 시간들, 너무나 놀랍다고 생각하는 렌즈를 통해 세상을 보도록 학생들을 가르치고, 위협하고, 재촉하고, 촉구하면서 보낸 영광과 거리가 먼 모든 시간들! 채점을 하는 따분한 시간들, 수많은 학생들이 그저 나쁜 학점을 피하려고 찾아오는 따분한 업무 시간들. 그토록 많은 시간들이 나무의 씨앗을 퍼트리는 폭풍처럼 아무것도 남기지 않는다. 너무나 많은 씨앗들이 바위땅이나 척박한 땅에 떨어진다. 혹은 불가피하게 내리는 너무 세거나 약한 비에 휩쓸린다. 일부 씨앗은 뿌리를 내리기에 완벽한 땅에 떨어진다. 그러나 그들을 자유롭게 하려면 불이 필요하지만 불은 결코 일어나지 않는다.

가르치는 사람은 일부 씨앗이 놀랍게도 뿌리를 내린다는 사실에 위안을 얻어야 한다. 일부 통찰은 주의를 앗아가는 삶의 폭풍에 휩쓸린다. 그러나 좋은 스승은 아주 가끔 삼나무나 세쿼이어 같은 학생을 만나 자신의 생각을 심어주고 긍정적인 변화를 일으킨다. 그리고 정말로 운이 좋다면 그 나무가 거목으로 자라는 모습을 볼 수 있다.

루스는 훨씬 오래 살아서 나머지 이야기를 본다는 환상을 품지 않았다. 이미 봐야 할 것들은 충분히 본 터였다. 루스는 복받은 사람이었다. 처음 라몬을 만났을 때 상상했던 것보다 훨씬 자유롭고 귀중한 삶에 자신이 미친 영향을 확인할 수 있을 만큼 오래 살았기 때문이다.

〈탈무드〉에는 가죽을 부드럽게 하는 무두장이보다 향수를 만드는 사람이 되는 게 낫다는 말이 나온다. 향긋한 냄새를 맡을 수 있는 일이 낫다. 애덤 스미스가 1,000여 년 후에 지적한 대로 향긋한 냄새를 맡는 일을 포기하게 만들 만큼 무두장이가 돈을 더 번다고 해도 말이다. 루스는 지식과 지혜라는 향수를 만들며 향긋한 냄새를 맡는 일을 했다는 사실을 영광스럽게 여겼다. 그 보상은 충분하고도 남았다.

해안을 따라 몇 킬로미터 떨어진 곳에 있던 라몬은 렌터카를 몰고 굽이진 1번 고속도로를 달렸다. 최대한 속도를 냈다. 급해서가 아니었다. 비행기를 탈 시간은 충분했다. 그보다는 뛰어난 운전 기술로 차를 모는 데서 얻는 즐거움이 컸기 때문이다. 길은 가파르고 굴곡은 심했다. 마치 스키를 타는 기분이었다. 해안을 따라 활강하는 가운데 바다는 항상 오른쪽에 펼쳐져 있었고, 도로에는 차들이 별로 없었다. 위험과 쾌감이 뒤섞였다. 솔직하게 말하자면 위험해서 쾌감이 느껴졌다.

그러다가 라몬은 급히 속도를 늦췄다. 도대체 뭘 하고 있는 거지? 루스 교수와의 시간은 그를 지난 시절로 되돌려 놓았다. 하지만 그는 더 이상 어리지 않았다. 집에는 아내와 아이들이 있었고, 그를 받아들일 나라가 있었다. 속도를 늦췄다. 서두르지 말고 길에 집중하자고 생각했다.

머릿속에서 상념이 일었다. 오른쪽에 있는 바다를 생각했다. 왼쪽으로는 큰 나무들이 머리 위로 솟아 있었다. 라몬은 계속 나아가자고 생각했다. 이윽고 요세미티가 보였다. 1학년 때 에이미와 같이 처음으로 봤던 그 요세미티였다. 글래시어 포인트(Glacier Point)에서 보이는 석양에 물든 하프 돔은 보초처럼 계곡을 지키고 있었다. 뒤이어 머릿속에서 로키 산맥을 넘어 중서부의 평원을 가로지른 그는 남동쪽으로 계속 나아갔다. 곧 마이애미가 보였다. 뒤이어 엄마와 함께 수많은 날들을 보낸 동네가 나왔다. 거기서 멈추지 않고 힘들게 나아갔다. 거의 다 왔다. 이윽고 목적지가 나왔다. 좁은 해협 너머로 산호빛 바닷속에 보석 같은 섬이 라몬을 기다리고 있었다.

부모님의 모습이 머릿속에 떠올랐다. 사진 속에 있는 두 사람은 사랑에 빠진 젊은 연인이었다. 그들은 모든 것이 가능해 보이던 시절 말레콘을 따라 걷고 있었다. 라몬은 어렸을 때 엄마에게 아버지가 어떤 사람이었고, 야구선수로서 얼마나 대단했는지, 어떻게 아버지를 만났는지 물었다. 엄마는 야구 이야기를 좋아했다. 그러나 엄마가 아버지를 만난 이야기는 언제나 머릿속에 남았다. 너무 많이 들어서 원하기만 하면 머릿속에서 떠올릴 수 있었다.

"파티에 초대받았어." 엄마의 이야기는 이렇게 시작되었다. "해변에 있는 멋지고 오래된 저택이었지. 1960년이었어. 나는 18살이었지. 혁명이 일어난 지 1년이 겨우 지난 때여서 여전히 절망보다는 흥분이 더 강했어. 희망이 여전히 경험을 누르고 있었지."

"겨우 18살이었어요?"

"뭘 하며 살지 몰랐어. 하지만 그 파티에서 네 아버지를 봤을 때 한 가지는 확실하게 알았어. 저 남자하고 결혼할 거라는 거 말이야. 최소한 노력이라도 할 생각이었어."

"아버지도 파티에 와 있었어요?"

"조금이라도 이름 있는 사람들은 다 와 있었어. 하지만 네 아버지는 조금 유명한 정도가 아니었지. 그날 밤에 다른 손님들에게 네 아버지보다 더 많은 관심을 받은 사람은 카스트로뿐이었어. 어쩌면 카스트로도 아니었을지 몰라. 모두가 호세 페르난데스를 원했어. 그때 호세는 24살이었지. 아직 전성기는 아니었지만 이미 스타 중의 스타였지. 쿠바 사람들이 얼마나 야구를 좋아하는지 넌 상상도 못해."

"계속 해봐요."

"파티가 진행되면서 사람들이 바다가 보이는 테라스로 몰려나왔어. 별이 빛나는 밤이었고 오케스트라가 음악을 연주했지."

"무슨 곡이었어요?" 라몬은 답을 알지만 그래도 물었다.

"'비긴(카리브해 지역의 춤곡 – 옮긴이)을 시작해요(Begin the Beguine)' 라는 곡이었어. 얼마 지나지 않아서 미국 사람이 쓴 곡은 더 이상 연주할 수 없게 되었지. 확실한 쿠바 사람이 쓴 곡만 허용되었어. 하지만 그때는 초기여서 콜 포터(Cole Porter, Begin the Beguine의 작곡가 – 옮긴이)의 노래도 괜찮았어. 그 노래의 뭔가가 가슴을 파고들었어. 춤을 추고 싶었지. 잘 마시지 않던 술도 한두 잔 마셨어. 아버지는 사업가들하고 이야기를 하고 있었어. 나는 호세를 바라보고 있었지. 호세는 수많은 사람들에게 둘러싸여 있었어. 야구 이야기를 하는 중이었어."

"그걸 어떻게 알았어요?"

"호세가 타격 자세를 취했거든. 가상의 야구 배트를 높이 들고 멋진 스윙을 할 준비를 했지. 그 다음에는 번개 같은 타격을 피해서 직구를 던지려는 불쌍한 투수를 흉내 냈어. 중요한 타석을 재현하고 있었던 거지. 나는 그의 존재감을 느끼며 귀를 기울이는 사람들 쪽으로 더 가까이 다가갔어. 술, 음악, 별들, 그 모든 것들이 나를 과감하게 만들었어. 평소보다 훨씬 더."

"어떻게 했는데요?" 라몬은 공식대로 질문을 던졌다.

"춤을 추자고 했지."

"아버지가 응했어요?"

"아니. 그냥 미소만 짓고 이야기를 계속했어. 하지만 난 물러서지 않았지. 무리에서 빠져나와 집으로 달려가고 싶었어. 그래도 물러서지 않았어. 그때 오케스트라가 새로운 곡을 연주했어. 그러자 호세가 중간에 말을 멈추고 내 쪽으로 몸을 돌렸어."

"어떤 노랜데요? 기억나요?"

"그럼. '바다 너머(Beyond the Sea)'라는 노래였어. 정말 좋아했지. 지금도 그래. 호세도 좋아했나 봐. 이야기를 멈추고 내 쪽으로 몸을 돌리더니 이름을 물었어. '셀리아'라고 대답했지. 그러자 호세는 '셀리아, 같이 춤출래?'라고 말했어."

"좋다고 했어요?"

"아무 말도 안 했어. 가슴이 뛰었어. 나는 대답 대신 손을 내주고 호세를 따라 무대로 올라갔어. 손을 내줬더니 마음이 따라가더라."

이야기는 언제나 무대에서 끝났다. 하지만 라몬은 두 어린 연인이 춤을 추고 난 후 손을 잡고 바다를 바라보는 모습을 상상했다. 그 바다는 모든 해안선이 품고 있는 약속, 내일에 대한 약속, 끝없는 수평선, 계속 바뀌는 예측할 수 없는 파도를 품고 있었다. 바다 너머, 내일 이후 실로 무엇이 있는지 상상할 수 있는 길은 없었다. 사랑, 결혼, 출산. 그리고 너무 이른 죽음이 찾아왔고, 드라마와 고생에 이어 어머니가 라몬에게 준 미국의 모든 약속이 있었다. 알 수 없는 미래에 직면하는 과정에서 아주 많은 용기가 발휘되었다. 그리고 이제 라몬은 같은 바다를 건너 앞으로 무슨 일이 펼쳐질지 확인할 참이었다. 라몬은 에이미와 아이들 그리고 아직 일어나지 않은 수많은 일들을 생각했다. 라몬은 '이제 집으로 갈 거야.'라고 중얼거렸다. 이제 집으로 갈 거야.

자료 및 추천 도서

이 책은 초보자와 전문가들에게 가격이 우리의 삶에서 수행하는 역할을 보다 잘 이해시키기 위한 노력의 결과물이다. 이 책은 가격이 소비자와 창업자의 경쟁하는 욕구를 조화시키는 양상, 가격이 자원과 지식을 유도하여 생활수준을 바꾸고 유지하는 양상을 설명한다. 더 많은 내용을 배우고 싶다면 하이에크의 '사회 속에서 이뤄지는 지식의 활용(The Use of Knowledge in Society'〈아메리칸 이코노믹 리뷰(American Economic Review)〉, 1945)과 레너드 리드(Leonard Read)의 매력적인 '나, 연필(I, Pencil)'로 시작하라. 두 논문 모두 Econlib.org에서 구할 수 있다. 하이에크의 통찰을 전통적인 수급 분석과 통합한 나의 분석적 논의는 http://www.invisibleheart. com에서 확인할 수 있다. '공급과 수요(Supply and Demand)', '기업 이론(The Theory of the Firm)', '가격과 지식(Prices and Knowledge)'을 참고하라. 경제적 삶에서 지식이 차지하는 역할을 깊이 살피고 싶다면 토머스 소웰(Thomas Sowell)의 『지식과 결정(Knowledge and Decisions)』(1996)을 참고하라. 또한 제임스 서로위키(James Surowiecki)

의 『대중의 지혜(The Wisdom of Crowds)』(2004)도 참고하라.

이 책의 핵심에는 창발적 질서(emergent order)라는 개념이 있다. 창발적 질서에 대해 더 배우고 싶다면 하이에크의 『치명적 자만: 사회주의의 오류(The Fatal Conceit: Errors of Socialism)』(1989)로 시작하라. 제목은 무시해도 된다. 이 책은 사실 사회주의에 대한 것이 아니다. 창발이라는 포괄적 개념을 보다 대중적으로 논의한 책으로는 케빈 켈리(Kevin Kelly)가 쓴 『통제 불능(Out of Control)』(1995)과 스티븐 존슨(Steven Johnson)이 쓴 『창발(Emergence)』(2001)이 있다. 창발 개념은 제인 제이콥(Jane Jacob)의 고전, 『위대한 미국 도시들의 죽음과 삶(The Death and Life of Great American Cities)』(1961)에서 명백히 영향받았다. 그녀가 이후에 쓴 『경제의 속성(The Nature of Economies)』(2000)은 창발 그리고 자연과 경제학의 연관성을 명확하게 탐구한다. 마이클 로스차일드(Michael Rothschild)의 『바이오노믹스(Bionomics)』(1992)도 비슷한 접근법을 취한다. 두 책은 모두 내가 이 책에서 포착하려한 경제학의 유기적이고, 창발적이며, 설계되지 않은 측면을 강조한다.

경제성장에 대해서는 브래드 들롱(Brad DeLong)의 미출간 논문 '풍요의 뿔: 20세기에 이뤄진 부의 증가(Cornucopia: Increasing Wealth in the Twentieth Century,', http://econ161.berkeley.edu/TCEH/2000/TCEH_2.html)를 읽어라. 이 논문은 생활수준의 변화와 관련된 흥미로운 데이터와 통찰로 가득하다. 그 다음에는 데이비드 헨더슨(David Henderson)이

편집한 『경제학 축약 백과사전(The Concise Encyclopedia of Economics)』
(2008)에 포함된 폴 로머(Paul Romer)의 '경제성장(Economic Growth)'을
읽어라. 이 논문은 EconLib.org에서 구할 수 있다. 로머는 이 논문
에서 이렇게 말한다. "1985년에 나는 컴퓨터를 사면서 트랜지스터
100만 개당 1,000달러를 지불했다. 반면 2005년에는 100만 개당 10
달러도 채 지불하지 않았다." 이 100배의 가격 하락은 혁신을 통해
생활수준이 변하는 또 다른 사례다. 트랜지스터의 가격 하락은 달걀
의 실질 가격이 하락한 것보다 훨씬 중요하다. 폴과 나는
EconTalk.org의 팟캐스트에서 이 문제를 더 깊이 토론했다.

2003년 미니애폴리스 연준의 연례 보고서에 포함된 로버트 루카
스(Robert Lucas)의 논문, '산업혁명: 과거와 미래(Industrial Revolution:
Past and Future)'는 우리가 경제성장을 통해 어떻게 현재에 이르렀는
지 말해주는 탁월한 입문서다. EconTalk.org에서 나와 루카스가
성장에 대해 토론한 팟캐스트를 들을 수 있다. 제대로 평가받지 못
한 스탠리 레버고트(Stanley Lebergott)가 쓴 『행복 추구(Pursuing
Hapiness)』(1993)를 읽어라. 이 책은 믿기 어려운 팩트로 가득하며 그
의 글은 언제나 재미있다. 디어드리 맥클로스키(Deirdre McCloskey)가
쓴 『부르주아의 미덕(The Bourgeois Virtues)』(2006)은 자본주의가 물질
적, 영적 측면에서 우리의 삶을 풍요롭게 만드는 양상을 경이롭게
보여준다. 이 책은 전체가 흥미롭지만 특히 첫 54쪽을 읽어볼 것을
권한다. 마지막 추천 도서는 슘페터(Schumpeter)가 쓴 『자본주의, 사

회주의, 민주주의(Capitalism, Socialism, and Democracy)』(1962)의 2부로서 100쪽에 걸쳐 자본주의의 역학을 대단히 잘 설명한다.

이 책은 2008년 금융위기가 발생하기 전에 쓰였다. 일부 논평가들이 보기에 이 위기는 자본주의가 실패했다는 증거다. 그들은 많은 것들을 그냥 놔둬도 된다는 생각이 잘못되었음이 확실해졌다고 주장한다. (나를 포함한) 많은 경제학자들이 금융시스템의 안정성을 과대평가한 것은 사실이다. 그러나 금융시스템이 규제받지 않거나 자율적으로 돌아간 것은 아니다. 위기의 근원인 주택시장도 자율적으로 돌아가지 않았다. 관심 있는 독자는 InvisibleHeart.com에서 이 주제 및 공공정책의 영향에 대한 나의 논문을 찾을 수 있다.

1장

라몬과 에이미가 처음 방문하는 마트를 홈디포로 설정한 이유는 홈디포가 허리케인이나 자연재해가 발생한 후 가격을 올리거나 고객을 이용하지 않겠다고 선언했기 때문이다. 홈디포나 월마트 같은 대기업들은 종종 평판을 개선하기 위해 자연재해가 발생한 후에도 가격을 평상시 수준으로 유지한다. 최소한 재해 발생 초기에는 그렇게 한다. 하지만 근래에 자연재해가 발생한 후에도 가격이 덜 오르는 이유는 아마도 경쟁과 기술 때문일 것이다. 더 나은 재고 관리와 날씨 예측 덕분에 재해 발생 지역에 신속하게 재고를 확보하는 비용이 낮아졌다. 이 사실을 말해준 스펜서 잉글랜드(Spencer

England)에게 감사드린다.

2003년 9월에 허리케인 이사벨(Isabel)이 워싱턴 DC를 강타했다. 그때 남편이 건축업자인 나의 학생에게 들려준 이야기가 있다. 그녀는 남편이 발전기의 가격이 올라간 것을 역겨워했다고 말했다. 나는 당연히 건축업자는 보조 전원공급수단이 필요하니 높은 가격을 지불했겠다고 말했다. 그녀는 남편이 이미 한 대를 사뒀고 한 대를 더 사려다가 가격이 두 배로 올라서 사지 않았다고 말했다. 결국 다른 사람이 그 발전기를 샀고, 가격 인상에 대한 나의 이해는 더욱 풍부해졌다.

2장

루스의 사무실을 도서관으로 착각한 대학원생 이야기는 로체스터 대학(University of Rochester)의 스탠 앵거만(Stan Engerman)이 겪은 비슷한 이야기를 참고한 것이다.

연필에 대한 루스의 이야기는 앞서 소개한 레너드 리드의 고전, '나, 연필'에 바치는 나의 오마주다. 연필 한 자루를 만들기 위해 수많은 사람들의 협력이 필요하다는 사실을 일인칭으로 기술한 이 글은 아마도 단순한 제품을 생산하는 과정에서 서로를 모르고 같은 목표를 공유하지 않은 수많은 사람들의 복잡한 합동이 필요하다는 사실을 대단히 매력적으로 보여준다. 나는 애덤 스미스와 라이브러리 오브 이코노믹스 앤드 리버티(Library of Economics and Liberty(Econlib.org))

에 있는 '협력의 경이: 질서는 어떻게 의식적 기획자 없이 발현하는 가(A Marvel of Cooperation: How Order Emerges Without a Conscious Planner)'에 나오는 모직 코트 등 여러 비슷한 사례를 찾았다.

딕슨 타이콘데로가 연필을 만드는 세부 공정은 미주리 주 베르사유(Versailles)에 있는 딕슨 타이콘데로가 공장을 견학하면서 알게 되었다. 견학을 도와준 딕슨 타이콘데로가의 릭 조이스(Rick Joyce) 그리고 공장이 돌아가는 방식을 인내심 있게 설명해준 공장장 프랭크 머피(Frank Murphy)에게 감사드린다. 자동차 공장과 음료수 공장을 견학했을 때와 마찬가지로 연필 공장을 견학하면서 가장 인상 깊었던 부분은 현대식 공장에서 일하는 사람들이 너무나 적다는 것이었다. 모든 것이 기계화, 컴퓨터화되어 있었다. 소수의 노동자들이 주로 하는 일은 공정이 원활하게 진행되는지 확인하는 것이었다. 레너드 리드가 연필에 대한 글을 쓸 때는 향나무 토막에 8개의 홈을 파고 향나무 샌드위치 하나로 8자루의 연필을 만들었다. 프랭크 머피의 말에 따르면 과거에는 7자루밖에 만들지 못했다. 지금은 향나무 토막을 자르는 톱의 정밀도가 높아져서 같은 크기의 토막으로 10자루를 만든다. 이는 혁신이 비용을 낮춘 또 다른 사례다.

3장

나는 라몬과 에이미가 만나서 이야기를 나눈 베이랜즈에서 즐거운 시간을 많이 보냈다. 거기서 한 탐조꾼으로부터 검은머리 장다리물떼새, 흑꼬리도요, 되부리 장다리물떼새가 매를 쫓아내기 위해 즉석에서 무리를 이룬다는 이야기를 들었다. 그의 이름은 잊었지만 이야기가 사실이기를 바란다. 조류 권위자나 열혈 탐조꾼으로서 이런 행동을 확인해줄 수 있다면 내게 연락해주기 바란다.

4장

개미와 분업에 대해 더 많이 알고 싶다면 EconTalk.org에서 나와 데보라 고든(Deborah Gordon)이 출연한 팟캐스트를 들어라.

이 장은 가격이 분산된 지식을 조율한다는 하이에크의 '사회 속에서 이뤄지는 지식의 활용'을 많이 참고한다.

주택시장은 집값에 대한 논의가 시사하는 것처럼 항상 말 그대로 명확하지는 않다. 내가 주택시장을 예로 든 이유는 전체 미국 도시의 주택들이 엄청나게 다양함에도 불구하고 구매자나 판매자의 인심이나 탐욕이 아니라 경쟁이 집값을 결정하는 데 핵심적인 역할을 하기 때문이다.

주택시장에 대한 루스의 설명은 구매자와 판매자 사이의 경쟁 그리고 그에 따라 특정 주택시장에서 드러나는 정연한 패턴에 초점을 맞춘다. 공공정책이 집값을 왜곡하는 문제는 다루지 않는다. 미국 주택정책의 부분적인 목록은 나의 블로그인 CafeHayek.com '주택시장에 대한 정부의 개입(Government intervention in housing)'에서 확인할 수 있다.

출산 이야기는 실화에 기반한 것이다. 다만 무고한 사람과 잘못한 사람을 보호하기 위해 이름을 바꿨다.

독감 백신을 기다리다가 사망한 여성과 다른 피해에 대한 이야기는 http://www.usatoday.com/news/health/2004-10-16-flu-wait-death_.x.htm에서 확인할 수 있다.

7장

지난 세기에 걸쳐 평균적인 미국인의 생활수준이 얼마나 나아졌는지에 대한 정확한 추정치는 없다. 1900년 이후 1인당 GDP는 대략 7배 늘었다(루이스 존스턴(Louis D. Johnston)과 새뮤얼 윌리엄슨(Samuel H. Williamson), '미국의 연 실질 GDP 및 명목 GDP, 1790-현재(The Annual Real and Nominal GDP for the United States, 1790-Present),' 이코노믹 히스토리 서비스(Economic History Servcices, 2005. 10, http://www.eh.net/hmit/gdp/)). 브래드 들롱은 앞서 언급한 '풍요의 뿔'에서 노동자당 생산량이 4배보다 약간 조금 더 늘었다고 밝힌다. 그는 과거보다 줄어든 현재의 근로시간을 감안하면 생활수준이 7배에서 8배 높아졌다고 추정한다.

물론 이런 추정치는 평균에 불과하다. 생활수준의 변화를 나타낼 때 소득 분포의 상층부를 과도하게 반영하지 않는 중위(median) 척도가 있으면 좋을 것이다. 다만 루스와 라몬이 논의한 질적 변화를 통제해야 한다는 근본적인 문제 때문에 어느 쪽이든 결함은 있다. 지금의 1인당 평균 혹은 중위 소득으로 1900년의 1인당 평균 혹은 중위 소득보다 훨씬 많은 것을 살 수 있다. 그러나 질적 변화는 너무나 측정하기 어려워서 정량화하기가 거의 불가능하다. 루스가 예로 든 아이팟과 바이올린 연주자가 이 사실을 말해준다. 한편 들롱은 이렇게 설명한다. 현재 중위 소득을 올리는 사람에게 1900년의 중위 소득을 주면 살림이 나빠진다. 1900년의 중위 소득을 몇 배로 늘려야 지금과 같은 살림을 유지할 수 있을까? 그 수치를 계산할 수 있을지조차 불확실하다. 10배를 준다고 하면 받아들일까? 지금의 평균적인 미국인이 1900년에 가장 부유한 사람이 될 기회를 얻기 위해 아이팟, 항생제, 비행기 여행, 위성 TV, 현대적 출산, 치의학, 심장수술을 포기할까?

따라서 냉장고, 의료기술, 중앙난방 등이 가져온 질적 변화에 대한 정리는 지난 세기에 걸쳐 우리가 누리는 물질적 행복이 얼마나 커졌는지 감을 잡는 데 더 도움이 된다. 이런 비교는 주로 스탠리 레버고트의 연구를 토대로 삼았다. 수세식 화장실에 대한 수치는 레버고트의 『행복 추구』, 표 II.15에 나온다. 가사노동에 대한 수치는 표 8.1에 나온다. 가정주부의 노동시간에 대한 수치는 58쪽에 나온다. 상수도 및 외부에서 길어오는 물의 양에 대한 수치는 100쪽에 나온다. 아이스박스에 대한 수치는 113쪽에 나온다. 농업 부문 및 비농업 부문 노동자에 대한 수치는 레버고트의 『미국 경제 (The American Economy)』(1976) 90쪽에 나온다. 임대 가구에 대한 데이터는 93쪽에 나온다.

산모 및 신생아 사망률에 대한 데이터는 CDC(1999. 10. 1)의 질병률 및 사망률 주간 보고서(Morbidity and Mortality Weekly Report)에 나오는 '공공의료 부문의 성과, 1900-1999: 보다 건강한 산모와 아기들(Achievements in Public Health, 1900-1999: Healthier Mothers and Babies)'에서 가져왔다. 주소는 http://www.cdc.gov/mmwR/preview/mmwrhtml/mm4838a2.htm이다.

웨이터와 후원자의 이야기로 예시한 눈에 띄는 빈부격차가 비교적 줄어들었다는 내용은 돈 보드로(Don Boudreaux)의 통찰에 기반한 것이다. 1900년에 출간된 도서에 대한 수치는 구글 북스를 통해 접근한 애뉴얼 아메리칸 카탈로그(The Annual American Catalog, 1900-1909)에서 확인했다. 현재 수치는 Bowker.com에서 확인했다.

가난한 사람들이 보유한 세탁기, 건조기, 식기세척기, 에어컨 등에 대한 수치는 전미가구조사(American Housing Survey of the United States, 표 2-4(66쪽))와 표 3-12에서 가져왔다. 주소는 http://www.census.gov/prod/2006pubs/h150-05.pdf다. 1970년도 전체 미국인 에어컨 보유 수치는 연례가구조사(Annual Housing Survey: 1973)의 표 A-1에서 가져왔다. 주소는 http://www.census.gov/prod/www/abs/h150.html이다.

1900년 교사 급여(연 328달러)에 대한 데이터는 『미국역사통계, 밀레니엄판(Historical Statistics of the United States, Millennial Edition)』, 표 Ba4320-4334에서 가져왔다. 연 42주로 가정하면 하루 1.50달러

혹은 대략 시간당 21센트에 해당하며, 이는 1900년 가격으로 달걀한 판을 살 수 있는 금액이다. 달걀 가격은 『미국역사통계, 식민지시대부터 1970년까지(Historical Statistics of the United States, Colonial Times to 1970)』(미 상무부, 200년판, 1975), 213쪽 시리즈 E 187-202에서 가져왔다. 이 데이터들에 따르면 1900년에 교사가 달걀 한 판을 살 돈을 벌려면 하루 중 6분의 1 혹은 1시간보다 약간 더 일해야 했다. 전미교육협회(National Education Association)에서 실시한 조사에 따르면 2005년에 교사의 평균 연봉은 4만 8,000달러였다. 이는 (근로시간에 따라) 시간당 20-30달러에 해당하며, 책에 나오는 것처럼 1달러로 달걀 한 판을 사려면 2-3분이 필요하다.

『미국역사통계, 밀레니엄판』(2006), 표 Ba4335-4360에 따르면 가정부의 평균 연봉은 약 240달러였다. 연 51주, 주당 72시간을 일한다고 가정하면 이는 시간당 7센트 미만에 해당하며, 달걀 한 판을 사려면 3시간이 필요하다.

달걀 생산과 관련된 데이터 및 배경 자료는 마이클 로스차일드의 『바이오노믹스』 그리고 전미양계협회(United Egg Producers) 선임 부회장인 채드 그레고리(Chad Gregory), 벅아이 에그 팜(Buckeye Egg Farms)의 밥 고니첵(Bob Gornichec), 1949년부터 양계업계에 종사한 라이너스 하트(Linus Hart)와의 대화에서 나왔다. 현재 대형 양계장은 500만 마리가 넘는 닭을 키운다. 최대 양계장에는 70만 마리에서 80만 마리 사이의 닭들이 있다. 채드 그레고리에 따르면 3명에서 5

명의 직원들이 달걀 생산 부문에서 150만 마리의 닭들을 관리한다. 나는 2명이 80만 마리를 관리하는 것으로 이 수치를 조정했다. 연필 공장과 마찬가지로 이 2명의 노동자는 컴퓨터화된 시스템을 관리하는 일만 한다. 이 시스템은 사료와 약물을 공급하고, 비료로 팔 분뇨를 수거하고, 달걀을 모아서 컨베이어벨트로 운송하고, 달걀을 세척하고 등급 판정을 한 후 상자에 담는다. 라이너스 하트는 내게 "우리 업계의 문제점이 뭔지 아세요? 달걀이 너무 많다는 겁니다."라고 자문자답했다. 아, 경쟁이여. 소비자에게는 축복이고 공급자에게는 저주로다.

나는 1900년의 미국과 현재의 제3세계에서 닭 1마리가 1년 동안 낳는 달걀의 수를 80개로 잡았다. 『미국양계사(American Poultry History 1823-1973)』(1974), 213쪽에 나오는 USDA 수치에 따르면 1910년에 닭 1마리가 평균 약 83개의 달걀을 낳았다. 또한 나는 20세기에 다양한 지역에 속한 빈국의 경우 닭 1마리가 연간 50개의 달걀을 낳는다는 추정치를 보았다.

데이비드 콘펠드와 톰 위슨의 이야기는 지어낸 것이다. 그러나 두 이야기 모두 워싱턴 대학 올린 경영대학원(Olin School of Business)에서 창업자들을 가르친 경험을 토대로 삼았다. 콘펠드 이야기의 주요 내용은 레이첼 나오미 레멘(Rachel Naomi Remen)이 쓴 『할아버지의 기도(My Grandfather's Blessings)』(2001)에 나오는 이야기에서 가져왔다.

개발과 빈곤에 대해 더 많이 알고 싶다면 윌리엄 이스털리(William Easterley)의 『성장, 그 새빨간 거짓말(The Elusive Quest for Growth)』(2001)과 에르난도 데 소토(Hernando de Soto)의 『자본의 수수께끼(The Mystery of Capital)』(2000)를 읽어라.

루스 리버는 20세기에 미국의 생활수준을 바꾼 혁신과 관련하여 공공자금이 지원한 연구가 나름의 역할을 하기는 했지만 진행자가 없었다는 점을 강조한다. 일각에서는 이런 연구가 생활수준을 바꾸는 데 핵심적인 요소였다고 주장한다. 앞으로 공공 부문과 민간 부문에서 진행된 연구의 중요성을 측정하는 조사가 이뤄진다면 큰 도움이 될 것이다.

이 장의 끝부분에서 루스와 라몬은 근래에 불평등과 이동성 그리고 우리의 생활수준 영역에서 어떤 변화가 있었는지 확인한다. invisibleheart.com에서 이 문제들에 대해 내가 실증적으로 정리한 '반쯤 차다: 불평등, 이동성, 미국의 생활수준에 대한 예시적 지침(Half-Full: An Illustrated Guide to Inequality, Mobility, and America's Standard of Living)'을 확인할 수 있다.

신, 진화, 창발적 질서에 대한 생각

나의 지인들 중에서 창발적 질서에 관심을 가진 사람들은 대개 확고한 무신론자 아니면 독실한 신자다. 무신론자들이 설계 없이 질서가 발현할 가능성에서 위안을 얻는 이유는 이해할 수 있다. 그러나 창발적 질서는 종교적 믿음과도 부합한다. 질서가 설계 없이 발현할 수 있다고 해서 모든 질서가 설계되지 말아야 하는 것은 아니다. 또한 창발적 질서의 존재가 그 배경을 설계하는 신의 역할을 배제하는 것도 아니다. 우리는 온전한 의미에서 누가 주도하지 않아도 세상이 잘 돌아간다는 증거로서 진화의 경이 그리고 가격 시스템의 경이에 감탄할 수 있다. 동시에 이런 경이를 우리의 세계에 심어준 신에게 감사드릴 수도 있다.

감사의 글

올린 재단(Olin Foundation)과 이 책이 태어난 워싱턴 대학의 바이덴바움 연구소(Weidenbaum Center)에 감사드린다.

이 책에 대한 구상은 조지 메이슨 대학(George Mason University)에서 무르익었다. 조지 메이슨 대학 경제학과는 일하기에 아주 좋은 곳이다. 나는 돈 보드로와 나눈 대화를 통해 하이에크와 창발에 대해 많은 것을 알게 되었다. 그는 이 주제들에 대한 깊은 이해와 대화에 대한 열정을 갖고 있다. 어떤 형식이든 좋은 경제학을 추구하는 개방적인 일터를 만들어주고 나와 대화를 나눠준 데 대해 돈에게 감사드린다.

멘로 스미스(Menlo Smith)의 지원, 영감, 기대에 감사드린다. 분석틀로서 가격 이론을 처음 제대로 맛보게 해주고 뜻하지 않게 이 책에 나오는 인물 중 한 명의 이름을 짓는 데 도움을 준 디어드리 맥클로스키에게 감사드린다.

나를 지원해주고 캐피털 힐 캠퍼스(Capital Hill Campus)의 일원이 될 기회를 준 조지 메이슨 대학의 머카터스 연구소(Mercatus Center)

에 감사드린다. 그곳에서 했던 강의는 이 책에 나오는 많은 개념들을 이해하는 데 도움을 주었고, 보다 잘 설명할 수 있도록 해주었다.

라이브러리 오브 이코노믹스 앤드 리버티(econlib.org)의 일원이 될 기회를 준 에밀리오 파체코(Emilio Pacheco)와 리버티 펀드(Liberty Fund)에 감사드린다. 그곳에 있는 많은 나의 논문들은 이 책에 담긴 생각들에 도움을 주었다. 또한 2000년 5월에 지적 호기심을 크게 자극하는 리버티 펀드 컨퍼런스를 진행한 드와이트 리(Dwight Lee)와 앤디 루텐(Andy Rutten)에게 감사드린다. '경제학의 소통(The communication of Economics)'이라는 이름으로 열린 이 컨퍼런스는 내가 시장이 지식을 활용하는 양상에 대한 수수께끼에 흥미를 갖도록 해주었다.

이 책에 나오는 이야기는 대개 스탠퍼드 캠퍼스에서 진행된다. 시간적 배경은 다소 불분명한 미래다. 요즘은 졸업생이 고별사를 하지 않는다. 스탠퍼드에 빅박스 최고경영자교육센터는 없다. 이 책을 쓰도록 지원해 준 후버 연구소(Hoover Institution)와 존 레이시언(John Raisian) 소장에게 감사드린다. 여름 동안 후버에서 지낼 수 있었던 덕분에 이 책의 내용이 더욱 충실해졌다.

대학 테니스에 대해 유용한 정보를 제공해 준 스탠퍼드 대학 테니스 코치, 딕 굴드(Dick Gould)에게 감사드린다. 테니스와 관련된 모든 오류는 나의 잘못이다.

자신의 일을 사랑하지만 급여가 없다면 일하지 않겠다는 루스의 말에 도움을 준 브루스 옌들(Bruce Yandle)에게 감사드린다. 훌륭한 사람이 되는 것이 진짜 효도라는 말은 40년 전 축구 연습을 하다가 롤리 마시미노(Rollie Massimino)에게서 들었다. 멋진 아동용 헬멧에 대한 아이디어는 크리스 오리어리(Chris O' Leary)에게서 얻었다.

이 책의 초고는 교수와 학생이 벤치에 앉아서 경제학에 대한 이야기를 나누는 것으로 시작되었다. 초고를 읽은 게리 벨스키(Gary Belsky)는 그들이 그냥 벤치에 앉아만 있는다고 불평했다. 그래서 나는 루스와 라몬을 벤치에서 일으켜 세웠다. 스티브 살레타(Steve Saletta)는 그들이 그냥 이야기만 한다고 불평했다. 그래서 나는 그들이 벤치를 떠날 때 뒤를 따라다니며 다른 일을 하는지 지켜보았다. 이런 자극제로 이 책의 내용을 풍부하게 해준 게리와 스티브에게 감사드린다.

그동안 수많은 독자들이 피드백과 격려를 제공했다. 수전 앤더슨, 엘리아나 발라, 리 벤험, 돈 보드로, 페니 브리텔, 에밀리 브룩스, 브라이언 캐플런, 아트 카든, 타일러 코웬, 로렌 크리소스, 제브 프레드먼, 밀턴 프리드먼, 필리스 테리 프리드먼, 로라 이바노바, 조나선 캐츠, 노엘 콜락, 모시 룩스, 리처드 마호니, 디어드리 맥클로스키, 켈리 메사, 크리스틴 모슬리, 존 나이, 에밀리 피틀릭, 케이시 래트, 지나 야니텔 라인하르트, 모건 로즈, 앤디 루튼, 스티브 살레타, 베비스 쇼크, 타라 싱클레어, 트리야 벤카트라만, 제프 와이스, 앤 웨스트에게 감사드린다.

나를 격려해주고, 인내심을 발휘했으며, 특히 제목과 관련하여 끈기를 보여준 프린스턴 대학 출판부의 세스 디트칙에게 감사드린다. 원고를 수차례 읽고 대단히 통찰력 있는 세심한 평가와 통찰을 제공한 게리 벨스키, 존 로버츠, 셜리 로버츠, 테드 로버츠에게 감사드린다.

여러 원고를 읽고 많은 평가를 해주고, 내가 루스와 라몬의 이야기에 들인 모든 시간을 견뎌주고, 특히 제목인 『The Price of Everything』을 선택하도록 도와준 샤론과 아이들에게 특히 감사드린다. 샤론, 당신이 없었다면 이 책은 아무 의미가 없었을 거요. 아이들아, 너희들이 자란 후에도 미국이 꿈을 엮는 존재가 없기 때문에 여전히 꿈을 실현할 수 있는 곳이 되기를 바란다.

가능성과 번영의 시장질서
가격의 비밀

초판 인쇄 2020년 2월 20일
초판 발행 2020년 2월 25일

지은이   러셀 로버츠
옮긴이   김태훈
발행인   권윤삼
발행처   (주)연암사

등록번호   제16-1283호
주소   서울특별시 마포구 양화로 156, 1609호
전화   02-3142-7594
팩스   02-3142-9784

ISBN 979-11-5558-072-1 03320

연암사의 책은 독자가 만듭니다.
독자 여러분들의 소중한 의견을 기다립니다.
트위터 @yeonamsa
이메일 yeonamsa@gmail.com

이 도서의 국립중앙도서관 출판시도서목록(CIP)은
서지정보유통지원시스템 홈페이지(http://seoji.nl.go.kr)와
국가자료공동목록시스템(http://www.nl.go.kr/kolisnet)에서
이용하실 수 있습니다. (CIP제어번호: CIP2019050893)